山东省技能型特色名校建设工程成果系列教材

航线设计评估训练教程

主　编　邱　亮　许　亮
副主编　孙　健　曹兴飞
编　委　邱　亮　曹兴飞　侯晓芳　孙　健
陈　力　许　亮　李忠俊　王惠泽
王庆占

山东大学出版社

图书在版编目(CIP)数据

航线设计评估训练教程/邱亮,许亮主编. —济南:山东大学出版社,2015.8

山东省技能型特色名校建设工程成果系列教材

ISBN 978-7-5607-5346-1

Ⅰ.①航… Ⅱ.①邱… ②许… Ⅲ.①航海航线—设计—教材 Ⅳ.①U697.3

中国版本图书馆 CIP 数据核字(2015)第 197794 号

责任策划:刘　彤
责任编辑:李云霄
封面设计:牛　钧

出版发行:山东大学出版社
　　社　址　山东省济南市山大南路 20 号
　　邮　编　250100
　　电　话　市场部(0531)88364466
经　　销:山东省新华书店
印　　刷:山东泰安金彩印务有限公司
规　　格:787 毫米×1092 毫米　1/16
　　　　9.75 印张　225 千字
版　　次:2015 年 8 月第 1 版
印　　次:2015 年 8 月第 1 次印刷
定　　价:32.00 元

总　序

为加强对山东省内高等学校的分类指导，强化内涵和特色发展，提高人才培养质量，发挥名校带动作用，增强高等教育服务我省经济社会发展的能力，2011 年，山东省教育厅、财政厅联合组织实施了“山东省高等教育名校建设工程”。山东交通职业学院是山东省技能型特色名校首批立项建设单位之一，共有汽车运用技术、道路桥梁工程技术、物流管理、机械设计与制造、工程机械运用与维护、轮机工程技术 6 个专业成为省财政重点支持建设专业和工程造价、公路运输与管理、机电一体化、航海技术 4 个专业列入非省财政重点支持建设专业。

项目建设初期，学院牵头成立了山东省交通运输职业教育专业建设指导委员会，邀请省内外教育专家和行业企业的技术骨干，对名校工程 10 个专业的建设方案及任务书进行了充分论证。我院项目建设期间，各专业主动适应行业企业加快经济发展方式转变、产业结构调整和优化升级的需要，主动服务山东半岛蓝色经济区和黄河三角洲高效生态经济区两个国家战略的实施，以提高质量为核心，不断创新校企合作体制机制，大力推进人才培养模式转型，优化课程体系构建，全面提升了学校的专业建设水平和人才培养质量。

经过三年建设，10 个专业积累形成了一批紧密结合生产实际、独具行业企业特色的专业教材，成为“山东省高等教育名校建设工程”建设项目的重要成果之一，也是“课程体系构建与核心课程建设”内容的重要载体。为了该系列教材的出版，各专业多次召开教材编写会议，组织各课程负责人及参编人员认真学习领会“山东省高等教育名校建设工程”建设精神，深入行业企业进行专业调研和分析，以培养适应区域经济社会发展的高素质技能型人才和我省行业企业急需的高级技能型人才。根据各专业实际需求，重新架构、设计教材体系，以力求做到理论知识学习和职业技能训练的合二为一。

衷心希望名校工程的建设成果，能为我省交通运输主干专业建设和人才培养起到积极的推动和引导作用。

陈留彬

2015 年 7 月

前 言

本教材着眼于航海技术专业岗位所需的专业能力和职业素养要求，以《STCW 公约马尼拉修正案》为引领，以《中华人民共和国海船船员适任评估大纲和规范》为指导整合和编排教学内容。本书采用以能力培养为目的的项目任务编写方式，改变了长期以来以讲授知识为主的教材编写方式。本书主要适用于高校在校学生和社会船员参加中国海事局三副适任证书统考评估考试的培训和自学，也可以作为航海技术专业的实训教材，还可以作为航海技术等相关专业的学习辅导书或相关领域的职工教材。

本教材包括改正海图和图书资料、设计航线、确定船位三个项目和五个实用性较强的附录等内容。本教材的教学任务按照 50～60 学时设计。

本教材有如下特点：

1. 紧紧围绕高等职业教育航海技术专业人才培养目标，依据岗位能力要求，完善项目驱动式内容体系。正确处理知识、能力、素质辩证统一的关系，理论学习深入浅出，突出实践应用，强调职业能力的养成。

2. 教材内容突出实用性、实践性。教材涉及的项目都是航海技术实际工作岗位应用最广泛的知识技能，实用性强。为了进一步拓展学生的知识面，在有的项目后，还设计了知识拓展内容，供学有余力的学生学习。参加本教材审编的人员均是具有丰富航海实践经验和教学经验的持有船舶驾驶员证书的教师，使得本教材实践性和实用性更为突出。

3. 本书创造性地以航海技术专业能力和海船船员评估例题为主线设计教材结构体系，特色更加鲜明，使用更加方便。我们结合航海实践的需要和评估规范的要求编写此书，旨在保证学员的实际动手操作能力。

本教材由山东交通职业学院学院邱亮和山东海事职业学院许亮主编，山东交通职业学院孙健、曹兴飞副主编。本书项目一由邱亮、曹兴飞、侯晓芳编写，项目二由邱亮、孙健、陈力（山东通达船舶管理有限公司）编写，项目三由许亮、李忠俊、王惠泽编写，附录由邱亮、曹兴飞、王庆占编写。

在编写的过程中，编制参阅了国内外相关专家和学者的研究成果及文献，在此一并表示感谢。本教材的出版得到了各兄弟院校同行、行业企业专家的大力支持，特致谢意。

由于受到编写时间和能力水平的限制，虽然编写过程慎之又慎，但书中难免存在不妥之处，敬请专家、广大学子和读者批评指正。

编　者

2015 年 7 月

目 录

项目一　改正海图和图书资料

 作业流程

1. 找：根据《航海通告》利用应改海图索引找出哪些海图需要改正。

2. 登：将有关的海图改正号登记在海图改正登记簿或者海图卡片上。

3. 对：在进行海图改正时，先确认海图上的上次改正和《航海通告》上的上次改正一致，方可进行海图改正。海图改正必须保证顺序性、连贯性。

4. 改：根据《航海通告》的要求进行海图改正。

5. 登：将刚才所完成的通告号登记在海图的左下角。

案例引导

图 1-0-1 是某船某次港口国 PSC 检查的回执单，仔细阅读此图，指出二副在此次检查中所犯的错误有哪些？

PSC Inspection Follow up Report

NO	Deficiency description	Nature of deficiency	PIC	Actions taken to avoid re-occurence
1	Lashing Material not recorded as requirement of Cargo Securing Manual since the ship is operated	Lashing Gear inventory was filed within common ship's filing system. Must also be filed in Cargo Securing Manual	C/O	The quarterly lashing equipment inventory form(DRY-09) to be filed in Cargo Securing Manual. DRY-09 form is to be updated on permanent basis
2	One Temporary small correction of the harbour chart(BA 1144) not corrected		2/O	The charts correction to be on permanent control of 2nd officer. Double check to be performed on permanent basis in order to verify any missed correcions
3	NP 131 not be corrected since it published		2/O	Any newly received charts and publications are to be checked immediately in order to verify their correction status. Double check to be performed in order to verify any missed correcions

图 1-0-1　PSC 检查的回执单

案例分析

海图及航海图书资料是船舶航行的客观依据，因此要求它们能反映最新情况。但客观情况总是在不断地变化着，如航道的变迁、航标的移动和增减、水中障碍物的发现和清除等，这就需要不断地对它们进行补充和更新。而英版《航海通告》是改正英版航海图书资料的主要依据，用《航海通告》改正航海图书资料的工作既繁琐又重要，是船舶驾驶员的一项经常性的工作，又是港口国进行 PSC 检查的重点，一定要认真仔细地做好。

根据 1974 年《国际海上人命安全公约》(SOLAS)第Ⅴ章第 27 条“海图和航海出版物”规定：海图和航海出版物，如航路指南、灯塔表、《航海通告》、潮汐表，以及预定航线所需的所有其他航海出版物均应充足并保持更新。

在本次 PSC 检查中，编号 2 说明英版海图 1144 中有一临时性通告没有被改正，编号 3 说明《海图和出版物总目录》(NP131)从出版至今一直没有被更新。

任务一　正确使用英版《航海通告》

知识目标

1. 掌握英版《航海通告》的编排方式、主要内容和使用方法。
2. 掌握英版《航海通告》中常用的英语专业术语。
3. 了解《航海通告累积表》和《航海通告年度摘要》的主要内容。

能力目标

1. 通过学习能够使用英版《航海通告》查阅有关海图和图书的改正信息。
2. 通过学习能够使用英版《航海通告》查阅有关海图和图书的出版信息。
3. 通过学习能够使用《航海通告累积表》和《航海通告年度摘要》查阅航海信息。

任务描述

本任务主要通过英版《航海通告》的学习让学习者掌握英版《航海通告》的主要内容及其使用方法，为后续的改正图书和改正海图任务打下基础。

知识准备

一、英版《航海通告》概述

英版《航海通告》包括：每周一期的周版《航海通告》和每年一本的《航海通告年度摘

要》,以及磁盘版和网络版《航海通告》。网络版《航海通告》可从网上免费下载,纸质或磁盘版《航海通告》可从港口的代理机构索取,这些机构的名称列于《航海通告年度摘要》的14号年度通告和英版《海图和出版物总目录》中。本任务主要介绍周版《航海通告》的内容与使用方法。

二、周版《航海通告》的主要内容

周版《航海通告》由英国水道测量局发行,其封面内容举例如图1-1-1所示。

Notices
3310-3484/08
Amendments to Sailing Directions in Force
Current Hydrographic Publications

ADMIRALTY
NOTICES TO MARINERS

Weekly Edition 26
26 June 2008
(Published on the UKHO Website 19 June 2008)

CONTENTS

……

In addition to postal methods, the following additional communication facilities are available:

Notices to Mariners Website	**Web:**	**www.ukho.gov.uk**
Searchable Notices to Mariners	**Web:**	**www.nmwebsearch.com**

图1-1-1 封面内容

封面的基本信息有:本期的通告号(英国水道测量局对其所发的通告按发布顺序进行编号,全年连续)的范围(如3310-3484/08);周版号(如Weekly Edition 26)及出版日期;目录;网上下载周版《航海通告》的地址。周版《航海通告》共有六大部分：

（一）Section Ⅰ 注释和出版物列表

Section Ⅰ主要包括《航海通告》的使用说明，注释，海图和出版物的出版、新版、作废等信息。它是更新《海图和出版物总目录》的主要资料。主要有：

1. 本期周版《航海通告》有变更的海图、出版物清单（Admiralty Charts Affected by the Publication List）。

2. 新出或新版的英版海图和出版物信息（Admiralty Charts and Publications Now Published and Available）。有两个部分：①新图、新出版物（New Admiralty Charts and Publications）；②新版图、新版出版物（New Editions of Admiralty Charts and Publications）。它们的信息有：海图出版日期、图号、标题及说明、比例尺、所在图夹号、该图在本年度《海图和出版物总目录》中的页码。如果一张图有光栅扫描海图，则在图号前用符号"⊙"标出。船舶驾驶员必须将新（版）图、新（版）出版物的这些信息添加到《海图和出版物总目录》中去。

3. 将要出版的海图和出版物信息（Admiralty Charts and Publications to be Published）。此处刊有最近将要出版的海图和出版物信息，具体为：出版日期、图号、标题及说明、比例尺、与此图有关联的将要作废的图号。

4. 永久性作废的海图和出版物（Admiralty Charts and Publications Permanently Withdrawn）。船舶驾驶员必须将《海图和出版物总目录》中的这些资料删除。

5. 英版海图代销机构等的变更信息（Admiralty Chart Agent/Distributor Information）。此处刊有诸如机构地址改变等信息。

6. 英版电子海图和出版物信息［Admiralty ENC（Electronic Navigational Charts），AVCS（Admiralty Vector Chart Service）and ECDIS（Electronic Chart Display & Information Systems）Service］。

7. 英版光栅扫描海图光盘信息（Admiralty Raster Chart Series）。此表分光盘号（RC）、最后出版日期（Last Issue Date）、重版日期（Reissue Date）三个栏目刊登了 RC1～RC11 光盘的出版信息。

8. Section Ⅰ A 刊有仍有效的临时性通告和预告一览表（Temporary and Preliminary Notices），仅月末一期周版《航海通告》有此内容。

9. Section Ⅰ B 刊有英版现行版水道出版物一览表（Current Hydrographic Publications），仅季末一期周版《航海通告》有此内容。

（二）Section Ⅱ 英版海图的更新

Section Ⅱ主要包括三个索引、正式通告、临时性通告和预告以及改正海图的贴图。

1. 地理索引

有 27 项，第 2～26 项是海区名称，用以查找航行地区改正海图的航海通告。摘录该索引如图 1-1-2 所示。

改正海图的航海通告是按地区顺序编排的，要了解航线附近有无航海通告，可根据航行地区在相应的页码中索查。

II

GEOGRAPHICAL INDEX

图 1-1-2 地理索引摘录

2.通告和图夹索引(见图 1-1-3)

INDEX OF NOTICES AND CHART FOLIOS

Notice No.	Page	Admiralty Chart Folio	Notice No.	Page	Admiralty Chart Folio
3310	2.38	63	**3367***	2.9	5
3311	2.20	31	**3368**	2.26	34
3312	2.38	66	**3369***	2.9	5
3313	2.38	64	**3370**	2.16	10
3314	2.39	66	**3371**	2.32	47, 50
3315(P)/08	2.64	81	**3372**	2.32	47
3316	2.51	81	**3373**	2.32	47, 50
3317(P)/08	2.58	42	**3374**	2.32	47
3318*	2.27	42	**3375**	2.33	47, 50
3319	2.18	7, 9	**3376**	2.28	41, 42
3320*	2.8	7, 9	**3377**	2.29	41
3321(T)/08	2.55	7, 9	**3378(T)/08**	2.56	None
3322(T)/08	2.57	7, 9	**3379(P)/08**	2.56	1
3323(P)/08	2.55	7	**3380(P)/08**	2.56	14
3324*	2.8	7	**3381(P)/08**	2.57	10
3325	2.35	53	**3382**	2.16	11
......	......	......	......	......	......
3360	2.48	83	**3417(T)/08**	2.61	63
3361	2.20	25	**3418(T)/08**	2.62	63
3362	2.45	90	**3419(T)/08**	2.62	65
3363	2.53	81	**3420(T)/08**	2.62	65
3364	2.53	81	**3421(T)/08**	2.63	65
3365	2.53	81	**3422(T)/08**	2.63	65
3366	2.53	81	**3423(T)/08**	2.63	65

图 1-1-3 通告和图夹索引摘录

本索引按通告号的顺序排列，给出该通告内容所在的页码和需改正的海图所在的图夹号(Chart Folio)。因此，当已知通告号后，可利用本索引索查通告页码。例如，已知通告号为 3325，查本索引得其改正内容在第 2.35 页，翻到第 2.35 页便可查得 3325 通告的具体内容，在 53 号图夹有该通告要改正的海图。

3.应改海图索引(见图 1-1-4)

INDEX OF CHARTS AFFECTED

Admiralty Chart No.	Notices	Admiralty Chart No.	Notices
none	3378T	**1385**	3433
37	3339	**1406**	3319
70	3414P	**X 1406**	3322T
105	3343	**1408**	3319, 3320
110	3319	**X 1408**	3321T, 3322T
X 110	3322T	**1423**	3431
123	3410, 3411	**1439**	3448
180	3448	**1443**	3474
183	3448	**1467**	3439
186	3401	**1478**	3408
205	3481	**1499**	3412
219	3445	**1503**	3343
239	3479	**1504**	3320
294	3358	**1513**	3454, 3455
295	3346T, 3358	**1516**	3344
341	3371, 3372, 3374, 3375	**1552**	3463
343	3372, 3375	**1555**	3373
346	3399	**1564**	3376
426	3437	**1565**	3376, 3377
478	3467	**1566**	3377
504	3457	**1596**	3454
588	3452	**1630**	3319, 3320
591	3453	**X 1630**	3321T, 3322T
......	......	......	......
1384	3402	**2367**	3484

图 1-1-4　应改海图索引摘录

本索引按本期应改正的英版海图的图号顺序排列，给出改正该海图的通告号。因此，利用本索引，可索查本船所备有的英版海图有无需要改正的，若有则应摘录出相关通告号，登记到海图卡片或海图改正记录簿或《航海通告累积表》中去。改正时，根据这些通告号到通告和图夹索引查得它们的页码，再从相应页码中查得改正资料的具体内容。

例如，若本船有海图 1596、JP1055A，从本索引中可查得改正该图的正式通告为 3454、3325。根据通告号 3454、3325 从“通告和图夹索引”中查得其所在页码为 2.23、2.35。

4.改正海图的正式航海通告

英版海图出版或新版后的改正主要通过周版《航海通告》进行。航海通告分为正式通告、临时性通告和预告三种。通告的格式如图 1-1-5 所示。

其内容有：①通告号(如 3325、3454)、通告涉及的地点(由大到小排列)与标题(如 Depths)。②资料来源(Source)。一般采自其他国家或地区的通告内容，其真实性未予证实，但若通告号旁带有“＊”，表明其为原始资料。③通告涉及的海图(Chart)及其坐标系(如 WGS84、ED50 等)、上次改正的通告号/年份(如[*previous update*]*2960/08*)，此为检查海图是否漏改的重要依据。④改正海图的具体内容。航海者应根据此内容用红墨水笔对所列海图进行改正。而用于海图改正的贴图(Accompanying Block)和贴条(Accompanying Note)则刊印在 Section Ⅱ 的末尾，可剪下它们对海图进行贴改。

3325 JAPAN - Honshū - South Coast - Ise Wan - Nagoya Ko - Section 4 - Dredged area. Depths.
Source: Japanese Notice 22/739/08

Chart JP 1055A [*previous update 2520/08*] WGS84 DATUM

Insert	the accompanying block, showing a new dredged area and amendments to depths, centred on:	35° 01´·7N., 136° 50´·0E.

3454 GREECE - Aegean Sea Coast - Saronikós Kólpos - Nísos Psyttáleia and Nisís Fléves - Restricted areas. Legends. Cautionary note.
Source: Greek Notices 4/76-79/08 & 4/87/08

Chart 1513 [*previous update 2960/08*] ED50 DATUM

Delete	limit of restricted area, ⊤⊤⊤⊤, and associated legend, *Entry Prohib (see Note)*, joining:	37° 56´·24N., 23° 34´·75E.
		37° 56´·69N., 23° 35´·27E.
		37° 56´·74N., 23° 35´·89E.
		37° 56´·27N., 23° 35´·44E.

Chart 1596 [*previous update 2960/08*] ED50 DATUM

Delete	limit of restricted area, ⊤⊤⊤⊤, and associated legends, *Entry Prohibited (see Note)*, joining:	37° 56´·235N., 23° 34´·749E.
		37° 56´·692N., 23° 35´·269E.
		37° 56´·742N., 23° 35´·893E.
		37° 56´·271N., 23° 35´·442E.

Chart 1657 [*previous update 3116/08*] ED50 DATUM

Insert	legend, *Entry Prohibited (see Note)*, centred on:	37° 46´·0N., 23° 46´·7E.
	the accompanying note, NISÍS FLÉVES ENTRY PROHIBITED, centred on:	37° 29´·1N., 23° 07´·0E.

图 1-1-5 改正海图的正式航海通告的格式

5.临时性通告(T)和预告(P)

在正式通告后用单面印刷刊出临时性通告和预告的内容,以便使用者在收到周版《航海通告》后,可将它们剪下按地理索引中的分区装订成册。临时性通告是对那些资料变更的时间长度不能确定时所发的通告,表明资料的改变可能是暂时的;预告则仅仅对资料的可能变更做出预告。它们的内容编排格式与正式通告类似。

6.改正海图用的贴图与贴条

在 Section Ⅱ 的末尾印有贴图和贴条以及与其相关的通告号及海图号。海图改正贴图如图 1-1-6 所示。

To accompany Notice to Mariners 3325/08. Image Size (mm) 62.2 by 97.3

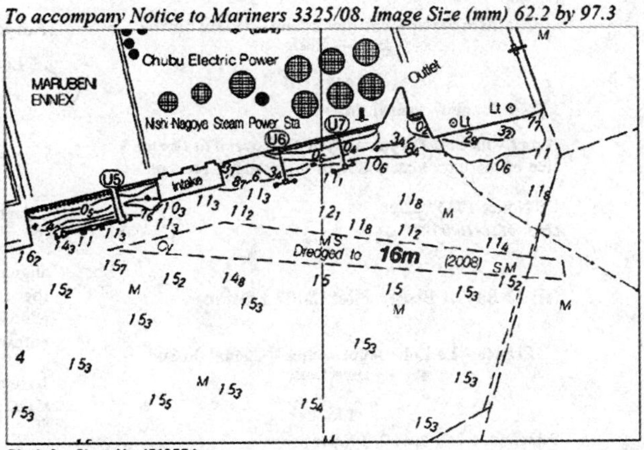

Block for Chart No JP1055A

图 1-1-6 海图改正贴图

(三)Section Ⅲ 无线电航海警告的复印件

Section Ⅲ 中刊印的是至本期出版日仍有效的无线电航海警告。它是按警告区域编排的,采用单面印刷。NAVAREA Ⅰ 中,先列出所有仍有效的无线电航海警告号,再列出

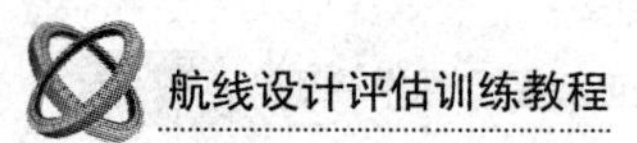

本周的警告电文。其余区域一般只列出仍有效的警告号和一些重要的警告电文。警告的文字简明，可能在句中省略了仅起语法作用的文字，有些单词用缩写，阅读时应予注意。一条警告一般仅引用一张英版海图图号，但这并不表示警告只与这一张海图有关。

当收到无线电航海警告的报文或周版《航海通告》后，要在有关海图上用铅笔改正或作记号，还应将警告按 NAVAREA 和 HYDRO 地区汇集，并注意去除已作废的警告，使此汇订本始终是有效的警告汇编，并置于驾驶台，保存到下一年度的第一期周版《航海通告》收到时为止。每年第一期周版《航海通告》的 Section Ⅲ 的开头刊有至该期出版日仍有效的各区域的所有警告电文。

使用无线电航海警告电传（NAVTEX）接收机能最快地获得航海警告。若船上有此装置，应利用它经常性地接收航海警告。

（四）Section Ⅳ 英版《航路指南》的改正

Section Ⅳ是对英版《航路指南》的改正通告，它包括改正《世界大洋航路》（Admiralty Ocean Passage for World）和《航海员手册》（Mariner's Handbook）的航海通告。

1. 通告格式

改正《航路指南》的通告格式与指南中的正文格式类似，每页分 2 栏编排，格式如图 1-1-7所示。

IV

[26/08]

AMENDMENTS TO ADMIRALTY SAILING DIRECTIONS

NP 4 South-East Alaska Pilot (1993 Edition) — Supplement 4-2006

Chatham Strait - Baranof Island - Warm Spring Bay — Rock

212

L2 *After* ...mid-channel. *Insert:*

A rock with a least depth of 2·7 m (9 ft) over it lies on the S side of the bay, 1 cable SW of the berthing pontoon.

US Notice 17337/22/08
(HH. 611/410/05) [26/08]

NP 22 Bay of Biscay Pilot (2007 Edition)

France - La Loire Approaches - Chenal du Sud — Directions

135

Paragraph 6.25 *1* lines 2-4 *Replace by:*

16·3 m in the charted approach channel in position 47°08'·2N 2°20'·5W.

Jersey - Gorey Harbour — Directions; leading marks

376

Paragraph 11.289 *3* lines 1-6 *Replace by:*

3 **Leading marks:**
Front. Directional light (white tower, 3 m in height) (49°11'·8N 2°01'·3W) on Gorey Harbour Pierhead.
Rear. West gable of prominent house "Rockmount" (540 m WNW of the front mark).

Paragraph 11.289 *4* lines 1-2 *Replace by:*

4 From a position in Outer Road (11.283) the alignment (298°) of the above marks, or by night, in the white sector of the directional light (296½°–299½°) leads towards the harbour entrance...

Jersey Harbours Notice 5/2008
(SDD 2008000 049780) [26/08]

NP 28 Dover Strait Pilot (2005 Edition)

图 1-1-7 改正《航路指南》的通告格式

可见，通告内容包括：周版《航海通告》号（如 26/08），需改正的书号（如 NP 4），书名，版本（如 1993 Edition）及其补篇号（如 Supplement 4-2006），《航路指南》中被改正资料的所在页码（行的中间数字，如 212、135、376）与行号（改正资料段的顶部左侧，如 L2，L 表示该页的左半边，R 表示右半边），以及具体的改正资料及其标题。各栏文字的左侧数字是英版《航路指南》中文字的段落号(如 3、4)。

2. 对《航路指南》改正资料的处理

当取得周版《航海通告》后,对于连续改版(Continuous Revision,即每 3 年出新版)的《航路指南》,可直接改正或剪贴法改正。而对于非连续版的《航路指南》,由于其仍由补篇改正,因此推荐将改正通告按书卷号汇订成册,其上附一最新的仍有效通告号表,并和补篇一起夹在相应书卷中,以备使用指南时查阅,而不推荐直接对这些《航路指南》进行改正。

(五)Section Ⅴ 英版《灯标雾号表》的改正

这一部分的改正资料按书卷号的顺序编排,各卷内又按灯标编号顺序编排,灯标编号前有书卷号。资料格式与《灯标雾号表》上的格式完全一致,当改正《灯标雾号表》时,将相应的改正条目剪下并贴到有关书卷的对应灯标编号处即可,但不要贴死原条目的资料。

(六)Section Ⅵ 英版《无线电信号表》的改正

对英版《无线电信号表》的改正资料是按书卷号的顺序编排的。

通告含下述信息:书卷(Volume)及分册号(Part),书号(NP No.)、版本及出版周,需改正的页码(Page),改正资料正文。改正时可将有关内容按通告中的要求剪贴到相应书卷的电台资料处即可,但原文不要贴死。

三、特殊几期周版《航海通告》增加的内容

(一)月末的周版《航海通告》增加的内容

SectionⅠA 首先列出已作废的临时性通告(T)和预告(P)号(Cancelled Notices)及其年份,然后按 26 个区域列出仍有效的临时性通告和预告通告标题一览表。据此可检查、清理置于驾驶台上临时性通告和预告装订本,使其保持适时性。摘录如图 1-1-8 所示。

IA

TEMPORARY AND PRELIMINARY NOTICES

In Force 19 January 2013

(Former In Force List dated 22 December 2012 is cancelled)

Cancelled Notices

Area	*Notice No.*
2	*6078(T)/10*
3	*3623(T)/12*
……	
16	*5595(P)/12*
17	*5764(T)/10, 4130(P)/12*
18	*4116(T)/09, 2354(T)/10, 2191(T)/11, 4985(T)/11, 819(T)/12, 1109(T)/12, 1268(T)/12, 2267(T)/12, 2411(T)/12, 3780(T)/12, 4474(T)/12, 5351(T)/12, 5584(T)/12, 5585(T)/12, 5879(T)/12*
……	
25	*5633(T)/12, 5896(P)/12*
26	*4098(T)/07, 5108(P)/11, 3977(P)/12*

No. of Notice	*Charts affected*	*Locality & Subject*	*Folio(s)*
2. BRITISH ISLES			
664(P)/06	2171	SCOTLAND. West Coast. Island of Mull. Loch Scridain and Approaches: Depths	5
2277(P)/06	1239	SCOTLAND. North Coast. Sule Skerry to the Orkney Islands: Depths	6
1199(P)/08	1820. 2707	IRELAND. West Coast. Killary Harbour and approaches: Depths	4
1621(P)/08	2254. 2423. 2789	IRELAND. West Coast. Approaches to Dingle Bay: Depths	2,4
……			

图 1-1-8 月末的周版《航海通告》增加的内容

若要查通告的具体内容，本年度的通告可查相应的周版《航海通告》，往年度的可查《航海通告年度摘要》。

（二）季末的周版《航海通告》增加的内容

季末也是月末，因此除月末一期增加的内容外，季末一期还增加：

1. 英版现行版水道出版物一览表

该表列于 Section Ⅰ B。本表所列的出版物包括：Sailing Directions，List of Lights，Lists of Radio Signals，Leisure Division，Tidal Publications & Digital Publications。具体内容是：书号（NP No.）、书名（Title）、现用的版本（Edition）、现用的补篇号（Supplement No.）。用以检查船舶现有的这些出版物的有效性。摘录如图 1-1-9 所示。

IB

CURRENT HYDROGRAPHIC PUBLICATIONS

(Sailing Directions, List of Lights, Lists of Radio Signals, Leisure Division, Tidal Publications & Digital Publications)

(Updated 21 June 2008)

(Former Listing dated 22 March 2008 is cancelled)

(1) CURRENT EDITIONS OF SAILING DIRECTIONS AND THEIR LATEST SUPPLEMENTS

NP No	*Title*	*Edition*	*Supplement No*
1	Africa Pilot Vol I	14th (2006)	
2	Africa Pilot Vol II	15th (2007)	
3	Africa Pilot Vol III	14th (2006)	
……			
72	Southern Barents Sea and Beloye More Pilot	1st (1996)	3/2005
100 ‡	The Mariner's Handbook	8th (2004)	
136 ‡	Ocean Passages for the World	5th (2004)	
735 ‡	Maritime Buoyage System	6th (2006)	

(2) ADMIRALTY LIST OF LIGHTS AND FOG SIGNALS

NP No	*Current Edition*	*Published*
74	Volume A. 2007/08	April 2008
75	Volume B. 2007/08	May 2008
……		

(3) ADMIRALTY LISTS OF RADIO SIGNALS

NP No			*Title*	*Published*
	Volume 1, 2007/08		Maritime Radio Stations:	
281(1)		Part 1:	Europe. Africa and Asia (excluding the Far East)	July 2007
281(2)		Part 2:	The Americas. Far East and Oceania	July 2007
282	**Volume 2, 2008/09**		Radio Aids to Navigation. Satellite Navigation Systems. Legal Time. Radio Time Signals and Electronic Position Fixing Systems	February 2008
……				

(4) ADMIRALTY LEISURE DIVISION

NP No		*Title*	*Published*
289	3rd Edition	Admiralty Maritime Communications United Kingdom and Mediterranean	June 2003
290	2nd Edition	Admiralty Maritime Communications Caribbean including Florida and the Canaries	October 2003
……			

(5) TIDAL PUBLICATIONS

NP No	*Admiralty Tide Tables* (corrected by Annual Notice to Mariners 1/08)	
201-08	Volume 1	United Kingdom and Ireland (including European Channel Ports)
202-08	Volume 2	Europe (excluding United Kingdom and Ireland). Mediterranean Sea and Atlantic Ocean
……		

(6) ADMIRALTY DIGITAL PUBLICATIONS

	Digital Publications	*Edition*
ADP	*The ADP includes the following products on one CD:* TotalTide 2008	December 2007
……		

图 1-1-9　英版现行版水道出版物一览表

2.仍有效的改正《航路指南》的通告号一览表

在 Section Ⅳ 中增加至本周版《航海通告》出版日仍有效的改正《航路指南》的通告以及所涉及的书号、书中的页码、通告内容的标题及周版号与年份。以此可检查《航路指南》改正通告的汇订本中的通告有效性。摘录如图 1-1-10 所示。

IV

[26/08]

AMENDMENTS TO ADMIRALTY SAILING DIRECTIONS

In force 21 June 2008

NP no	*Page(s)*	*Title*	*Weekly Edition*
1	**Africa I**		
	2, 85, 89, 92, 100	Spain - Islas Canarias — Vessel traffic service; Traffic Separation Schemes; Areas to be avoided	46/06
	5	Spain - Islas Canarias — PSSAs	15/07
	26, 85	Islas Canarias - Conception Bank — Depth	38/06
	......		
2	**Africa II**		
	141-148	Gabon - Estuaire du Gabon and approaches — Directions	17/08
	156-157	Gabon — Tchatamba Terminal	13/08
	......		
72	**Southern Barents Sea and Beloye More**		
	44	Norway, north coast - Vardo to Rost — Routeing system	20/07
	69	Russia, North coast - Murmansk — Directions; wreck	39/05
	......		
100	**The Mariner's Handbook**		
	2	Australian and New Zealand Charts	25/05
	4	International charts — International boundaries and national limits	37/05
	......		
136	**Ocean Passages for the World**		
	168	Singapore ⇒ Hong Kong - Routes — Low-powered vessels; distance	26/04
	......		

图 1-1-10　仍有效的改正《航路指南》的通告号一览表

四、数字化的英版《航海通告》

目前,数字化的英版《航海通告》主要有软盘版和网络版。

(一)软盘版《航海通告》

软盘版《航海通告》除与纸质周版《航海通告》具有相同内容外,还有可供快速改正的描图(Tracing)。软盘版通告可通过代理获取,其数据格式为 PDF(Portable Document Format)文件,软盘中带有读取这些文件的 Acrobat Reader 软件。

(二)网络版《航海通告》

网络版的通告提供了自 2000 年以来所有周版《航海通告》,可免费下载,有条件的船舶应尽量使用之。可登录英国水道测量局网站主页(www. ukho. gov. uk)下载。

除了软盘版和网络版的《航海通告》外,英国水道测量局还提供对英版电子海图的改正和更新用的光盘版《航海通告》。关于数字化的英版《航海通告》资料可参阅《海图和出版物总目录》。

五、《航海通告累积表》及其使用

(一)出版情况

英版《航海通告累积表》由英国水道测量局出版,每年的年初和年中各出版一本,书号分别为 NP 234/A 和 NP 234/B。摘录 2009 年 1 月(NP 234/09A)的封面如图1-1-11所示。

NP 234/09A

CUMULATIVE LIST OF

ADMIRALTY NOTICES TO MARINERS

January 2009

This publication records the date of issue of the current edition of each navigational chart and of subsequent relevant Notices to Mariners issued since **Weekly Edition 1 of 2007** dated 4 January 2007.

This list reflects promulgated information up to **Notice to Mariners Weekly Edition 52 of 2008** dated 25 December 2008 (last notice number 7105/08).

Users should keep it updated from the information given in Sections I and II of the subsequent Weekly Editions unless NP 133a is in use. The next list will be published in 6 months time.

This publication also includes details of current Hydrographic Publications correct to 20 December 2008.

It is hoped that this list will be useful to chart users. Users are reminded, however, that the authoritative listings of Admiralty Notices to Mariners are those given in the Weekly Editions.

图 1-1-11　2009 年 1 月《航海通告累积表》封面

由此可知,《航海通告累积表》列出了每一现行版英版航海图的发行日期、改正海图的通告号记录、本表的截止通告号和周版、到 2008 年 12 月 20 日为止的现行版出版物一览表。使用者除非使用了海图改正登记簿(NP 133a),否则就应该用后续的周版 Sections Ⅰ和Ⅱ中的信息更新《航海通告累积表》,使其保持最新状态。

(二)《航海通告累积表》的内容

1. 英版航海图的版本及通告号登记

本部分刊有海图图号(Chart No.)及其版本(Edition),自两年前的第一期周版《航海通告》以来的改正海图的航海通告年份(黑体字)、周版《航海通告》期号(括号内)及通告号。摘录如图1-1-12所示。

Chart No.	Edition	Notices to Mariners
2	July 2009	**2010** (2) 175 176 (15) 1787 (22) 2619 (25) 3072 3073 (27) 3327 (29) 3518 (34) 4169 (40) 4784 (42) 4980 (47) 5708 **2011** (11) 1181 (16) 1696 (20) 2035 (29) 3229 (32) 3596 (39) 4386 (42) 4672 4673 (44) 5016 (48) 5485 **2012** (1) 30 (15) 1667 (20) 2163 (25) 2655 2657 (31) 3300 (35) 3915 3925 (39) 4341 (41) 4569 (44) 4886 (46) 5088 (47) 5249 (49) 5444 (52) 5914
3	June 2012	
5	Dec. 1987	**2007** (7) 769
6	Apr. 2012	**2012** (25) 2669 (52) 5926
7	Aug. 1999	**2009** (8) 956
9	Oct. 1986	**2012** (28) 2996 (49) 5413
11	Dec. 2009	**2010** (15) 1777 (41) 4859
45	Mar. 2010	**2010** (39) 4738
46	Oct. 2011	**2012** (11) 1086 (12) 1286 (13) 1414 (19) 2114 (40) 4489
47	Sept.2003	**2010** (3) 252 (10) 1215 (13) 1509 (17) 1998 1999 (20) 2455 (25) 3032 (33) 4077 (35) 4305 **2011** (3) 160 (10) 1058 (14) 1525 (22) 2337 (24) 2548 (29) 3218 (32) 3581 (36) 3973 (39) 4393 (46) 5221 **2012** (4) 297 (5) 466 (8) 800 (11) 1195 (13) 1414 (17) 1796 (18) 1923 (24) 2633 (27) 2881
48	Aug. 2011	**2011** (41) 4588 (46) 5219 (49) 5574 **2012** (4) 297 (7) 670 (11) 1196 (13) 1412 1413 (18) 1923 (26) 2814
50	June 2001	**2010** (17) 1998 (43) 5186 **2011** (20) 2117 (39) 4307 4393 **2012** (4) 297 (8) 800 (24) 2633 (27) 2881

图 1-1-12 《航海通告累积表》的内容

《航海通告累积表》中给出的海图图号是英版系列海图的图号，它包括英国复制的澳大利亚(AUS)、新西兰(NZ)和日本(JP)海图。双曲线海图(台卡、奥米加海图)号没有专门列出，但表中图号同样适用于它们。

2. 英版水道出版物的现行版本信息

本部分列出英版水道出版物的书号、书名、版本日期和最新补篇号等。其格式如上述的ⅠB表(见图 1-1-9)。

(三)《航海通告累积表》的作用

1. 可以作为本船英版海图图号表使用。

2. 可以代替“海图卡片”使用。

3. 用以检查本船海图的适用情况。

4. 用以检查本船海图的改正情况。

六、《航海通告年度摘要》及其使用

《航海通告年度摘要》(Annual Summary of Admiralty Notices to Mariners)简称《年度摘要》，书号 NP 247。《年度摘要》每年初出版，新版出，旧版废。全书包含三个内容：年度通告(Annual Notices)、至本年初仍有效的临时性通告和预告、至本年初仍有效的改正《航路指南》的通告汇编。纸质《年度摘要》可从英版海图代销机构获取，也可通过网络下载电子版的内容。现分别简介如下：

(一)年度通告

《年度摘要》的目录如图 1-1-13 所示。

年度通告的通告号与对应标题几乎每年不变，通告的具体内容也可能变化不大。当通告中的内容与上一年的有变化或增加时，在其边上用粗黑竖线划出。这样，在阅读时，若对通告的原内容较熟悉，只需要阅读其划线部分。例如，2013 年的《年度摘要》格式如图1-1-14所示。

INDEX OF 2013 ANNUAL NOTICES

(Annual Summary dated 24th December 2011 is hereby cancelled and should be destroyed)

图 1-1-13 《年度摘要》的目录

1. ADMIRALTY TIDE TABLES 2013 — General Information

Source: UKHO.

Former Notice 1/12 is cancelled. Additions and amendments to the former Notice are indicated by sidelines.

Admiralty Tide Tables - General.

In the British Isles, Chart Datum is approximately the level of Lowest Astronomical Tide (LAT) and all metric charts are referred to this level. For the few remaining fathoms charts, a correction to the predictions from Admiralty Tide Tables (ATT) may be required. A comparison between the tidal heights given in the tidal information panel on the chart and those given in Part II of ATT will show the amount involved; when such a correction is necessary the amount should be subtracted from the height predicted in ATT.

Elsewhere, the level of Chart Datum is determined by the country having primary charting responsibility for the area.

图 1-1-14 《年度摘要》格式

年度通告中，除第 1 号是当年英版《潮汐表》的改正通告外，其余通告的内容是与航海安全密切相关的资料，故应至少保存到下一年度的《年度摘要》获得时为止。

（二）临时通告（T）和预告（P）

《年度摘要》中列出到表中所列日仍有效的这些通告的具体内容（重印件），查阅时可利用通告内容之前的两个索引，其中的地理索引与周版《航海通告》中的地理索引相同，可根据地区查找通告的页码；另一个是通告号数字索引，按通告的年份及通告先后顺序排列，可根据通告号索查该通告所在的页码。

（三）改正《航路指南》的通告汇编

《年度摘要》中列出到表中所列日仍有效的所有这类通告的具体内容（重印件），包含对《航海员手册》和《世界大洋航路》的改正资料。查阅时可借助其索引，该索引列出了应改正的书卷号、书名及其改正资料所在的页码。

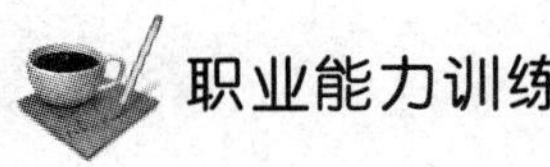

职业能力训练

训练目标

能够使用英版《航海通告》查找海图和图书改正和出版信息。

情境描述

假设某船舶有下列海图，请使用最新版的《航海通告》查找需要改正的海图及其改正内容。

船存海图图书清单

1.英版海图				
编号	图号	图名	版本(年月)	比例尺(1:)
1	6	Gulf of Aden	1993	750,000
2	229	Point Pinos to Bodega Head	1992.01	201,000
3	590	San Pablo Bay including Carquinez Strait and Suisun Bay	1997.12	50,000
4	591	San Francisco Harbor and Approaches	1997.12	50,000
5	937	Eastern Approaches to Hong Kong	2007.03	75,000
6	2403	Singapore Strait and Eastern Approaches	1999.12	20,000
7	2530	San Diego Bay to Cape Mendocino	1981.10	1,200,000
8	2655	English Channel Western Entrance	2003.03	325,000
9	2717	Strait of Gibraltar to Barcelona and Alger including Islas Baleares	1995.05	1,100,000
10	3482	Singapore Strait to Song Sai Gon	1997.02	500,000
11	3488	Song Sai Gon to Hong Kong	1997.10	1,500,000
12	3831	Singapore Strait Eastern Part	1999.09	75,000
13	3833	Singapore Strait Western Part	1998.09	75,000
14	4050	North Pacific Ocean Northeastern Part	1992.09	10,000,000
15	4053	North Pacific Ocean Northwestern Part	1992.10	10,000,000

工作流程

1. 找：根据《航海通告》利用应改海图索引找出哪些海图需要改正。

2. 登：将有关的海图改正号登记在海图改正登记簿或者海图卡片上。

注意事项

航海通告分为永久性通告、临时性通告和预告三种，在利用《航海通告》查找应改海图时，不要忘记临时性通告和预告的查找。

总结

通过使用《航海通告》查找应改海图，掌握英版《航海通告》的编排方式、主要内容和使用方法；能够使用英版《航海通告》查阅有关海图和图书的改正和出版信息；通过学习能够使用《航海通告累积表》和《航海通告年度摘要》查阅航海信息。

船员适任评估题卡

<table>
<tr><td>评估项目</td><td>航线设计</td><td>等级</td><td>无线航区 500 总吨及以上船舶二/三副</td><td>时间</td><td>90 分钟</td></tr>
<tr><td>科目</td><td colspan="5">海图改正</td></tr>
<tr><td>题号</td><td>评估内容</td><td colspan="3">请根据 2009 年第 1～4 期英版《航海通告》完成以下题目
（任选三项）</td><td>分值</td></tr>
<tr><td>1</td><td colspan="4">查阅 110 海图上一次小改正的通告号码</td><td>5 分</td></tr>
<tr><td>2</td><td colspan="4">查阅 AUS349 海图的改正信息及通告性质</td><td>5 分</td></tr>
<tr><td>3</td><td colspan="4">查阅航海图书的新版情况</td><td>5 分</td></tr>
<tr><td>4</td><td colspan="4">利用《航海通告累积表》查阅海图 1233 近两年的改正情况</td><td>5 分</td></tr>
<tr><td>5</td><td colspan="4">利用《航海通告累积表》查阅航海图书 NP136 出版情况</td><td>5 分</td></tr>
</table>

习题

1. 简述英版《航海通告》的出版机构和出版周期。
2. 简述周版《航海通告》的主要内容和主要索引。
3. 简述英版《航海通告累积表》的主要内容和使用方法。
4. 简述英版《航海通告年度摘要》的主要内容和使用方法。

任务二　利用《航海通告》改正英版海图和图书

知识目标

1. 掌握英版海图和图书资料的改正信息来源。
2. 掌握改正海图和图书资料的基本方法。
3. 掌握管理海图的方法。

能力目标

1. 通过学习能够掌握不同海图作业工具的使用方法。
2. 通过学习能够使用英版《航海通告》改正海图和航海图书资料。
3. 通过学习能够管理船存海图。

任务描述

本任务主要通过练习使用英版《航海通告》改正海图和图书资料，使学习者掌握各种海图作业工具的使用方法以及管理海图和图书资料的方法。

知识准备

一、航海平行尺

(一)航海平行尺简介

航海平行尺,又名“海图平行尺”“测绘平行尺”。航海平行尺由两条等宽有机玻璃板和两个连臂构成,如图 1-2-1 所示。连臂的两端通过铰链分别与两直尺连接,两直尺可在连臂的限制下平行移动。两直尺上均有刻度,一个尺子是以象限法表示的方向读数,以另一平行尺的“S”刻度线与平行尺外沿的交点为圆心计量,计量范围从 000°到 360°,每格为 1°;第二个尺子是以罗经点法表示的方向读数,以另一平行尺的“90°”刻度线与平行尺外沿的交点为圆心计量,主要计量范围是以基点为中心的左右 6 个罗经点,每格为 1/4 罗经点。

航海平行尺的作用:在进行海图作业时,用于绘画、量取方位线或航向线度数。

航海平行尺的使用:两只手各持一把尺的柄,交替平行移动。在移动操作时,一只手适力压住静尺,另一只手推动动尺,两尺交替平行移动,直至要求位置。交替移动过程中,要防止静尺移位。

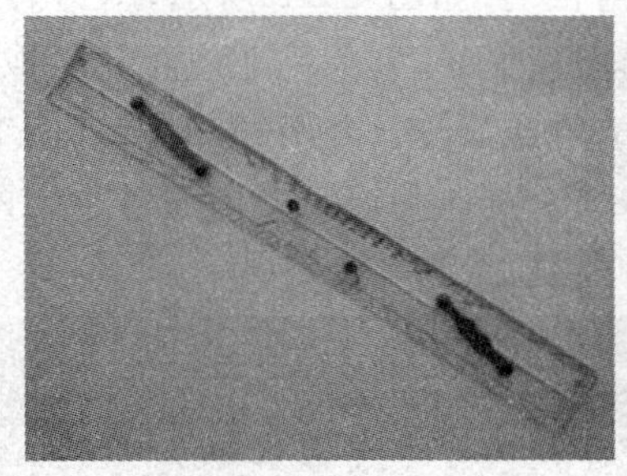
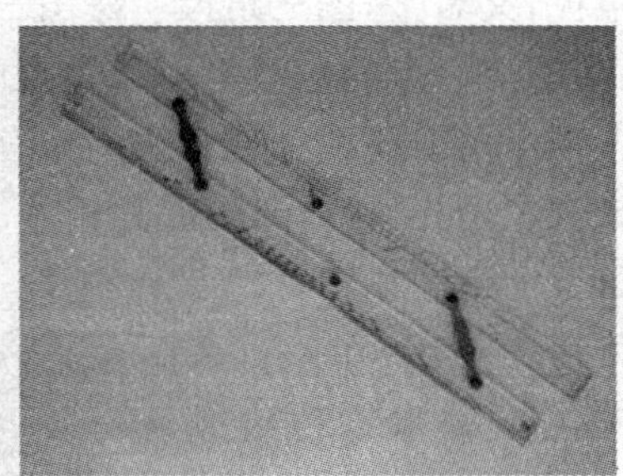

图 1-2-1　航海平行尺

(二)航海平行尺的应用

1. 量取方位线或航向线度数

(1)罗经花法

将平行尺一个尺子与所要量取方位线或航向线相切,将平行尺平移至罗经花中心,根据罗经花读数。

(2)使用平行尺本身刻度量取方向

使用平行尺本身刻度量取方向有两种方式,一种是以经线为基准线,另一种是以纬线为基准线。

以经线为基准线量取海图上方向线 AB 的方向:使平行尺的其中一直尺与要量取的方向线 AB 相切,并用一只手用力按紧。平行移动平行尺,直至平行尺“S”刻度线与平行尺外边沿的交点和要量取方向线附近的经线重合为止。读取平行尺上过该经线的数值,即为方位线或航向线的度数。

以纬线为基准线量取海图上方向线 AB 的方向:使平行尺的其中一直尺与要量取的

方向线 AB 相切，并用一只手用力按紧。平行移动平行尺，直至平行尺“S”刻度线与平行尺外边沿的交点和要量取方向线附近的纬线重合为止。读取平行尺上过该纬线的数值，即为方位线或航向线的度数。

2.绘画方位线或航向线

(1)平行尺配合罗经花法

选取离观测物标近的罗经花，利用平行尺在罗经花上量取观测方向，平行移动平行尺与物标相切，沿平行尺与物标相切的边作直线，该直线即观测物标的方位线(注意绘画方向线时的直线的方向性)。

(2)平行尺配合经线(纬线)

在观测的物标的周围选取一条经线，使平行尺“S”刻度与平行尺外边沿的交点和所选取的经线相交(如果要绘制的方向线与经线交角较小，则采用以纬线为基准线)。以交点为中心转动平行尺，使经线与平行尺上的已知方位线重合，平行移动平行尺，使平行尺的外边沿与所测物标相切，沿平行尺绘画方向，该直线即观测物标的方位线。

二、航海三角板

(一)航海三角板简介

航海三角板，又名“海图三角尺”“海图三角板”。如图 1-2-2 所示，斜边有刻度可以量取距离；在斜边靠上一点的位置有一条重要的黑色细线，它的中心位置是量取绘制方向的重要参考点。在三角板的两个直角边上作有量角器，分内、外两种刻度，外圈为 0°～180°，内圈为 180°～360°，外圈和内圈的度数相差 180°。量取和绘制方向通常采用两种方法：罗经花法和三角板配合经线法。

航海三角板的作用：在进行海图作业时，用于绘画、量取方位线或航向线度数。

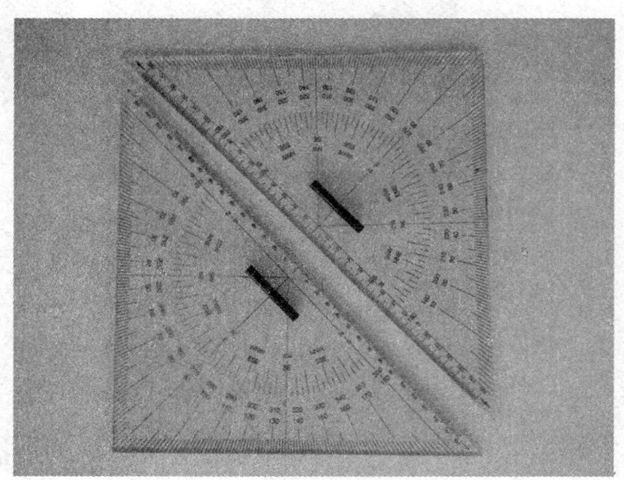

图 1-2-2 航海三角板

航海三角板的使用：船上都配有两只同规格的航海三角板。根据不同情况，可单独使用或两只配合使用。在应用中，航海三角板比平行尺方便、灵活。特别是在量取方位线或航向线度数时，当与海图上的罗经花距离较远时，使用航海三角板就更为方便。具体操作时，用一只三角板的斜边对准所要量取的方位线或航向线，然后与另一只三角板配合，将对准方位线或航向线的斜边平行移到就近的经线上，使圆弧的中心点与经线相重合，最后从圆弧刻度尺上读取方位线或航向线度数。在这种情况下，若使用平行尺，则需要平行移动较远的距离才能到罗经花上，若操作不慎，静尺容易移位而产生误差。

(二)航海三角板的应用

1.绘画方位线或航向线

(1)罗经花法(见图 1-2-3)

将一个三角板斜边黑色细线压住所绘罗经花的方向→使用另一个三角板进行平移至绘画位置→用铅笔绘画方位线或航向线。

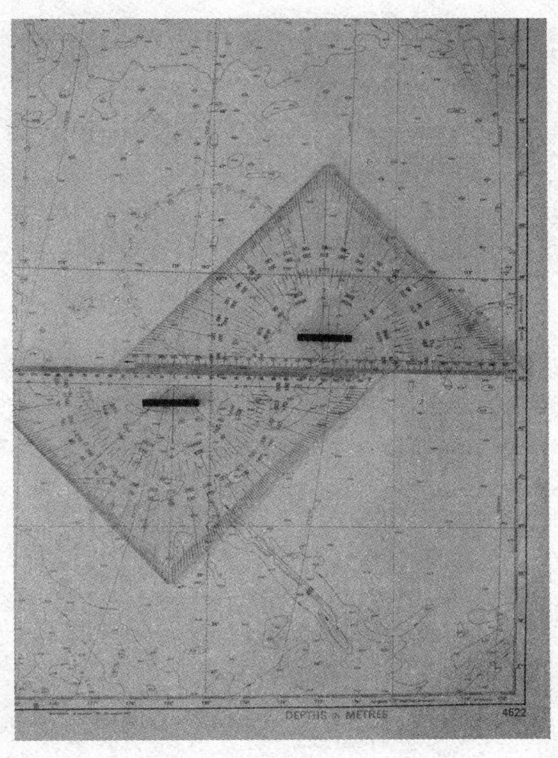

图 1-2-3 罗经花法绘画方位线或航向线

(2)三角板配合经线法(见图 1-2-4)

将三角板斜边黑色细线中心压住经线→转动三角板,使经线的读数为所要绘制的方位线或航向线,直角边上经线所对应的两个度数就是该线的方向,根据方向性确定是哪一个度数,内圈度数是外圈度数加 180°(外圈度数方便而且精度高)→使用另一个三角板进行平移至绘画位置→用铅笔绘画方位线或航向线。

2.量取方位线或航向线度数

(1)罗经花法

将三角板斜边黑色细线压住所要量取的方位线或航向线→使用另一个三角板进行平移至罗经花→将三角板斜边黑色细线压住罗经花中心,根据方向性读取度数。

(2)三角板配合经线法

将三角板斜边黑色细线中心压住所要量取的方位线或航向线→使用另一个三角板进行平移至附近经线,使三角板斜边黑色细线中心压住经线→在三角板直角边上根据方向性读取度数(一般利用外刻度读取,根据情况决定是否加 180°)。

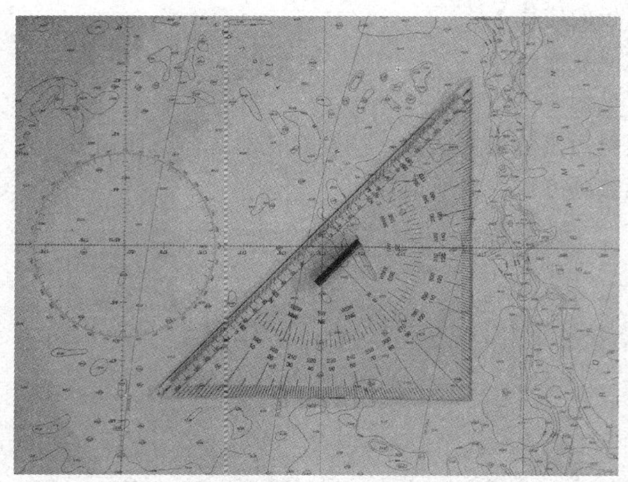

图 1-2-4　三角板配合经线法绘画方位线或航向线

注：三角板的移动分为直角式和直线式两种。直角式移动指的是将第二个三角板放在第一个三角板的直角边上进行移动；直线式移动指的是将第二个三角板放在第一个三角板的斜边上进行移动。

三、分规与圆规

(一)海图分规简介

海图分规，亦称为“航海角规”“单手规”，如图 1-2-5 所示。

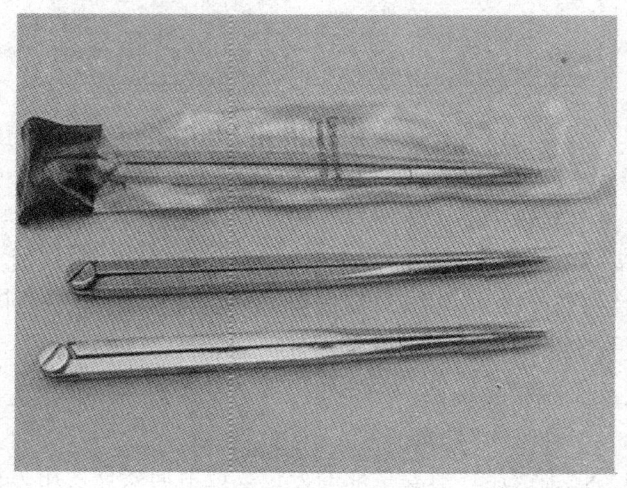

图 1-2-5　海图分规

海图分规的作用：用于在海图上量取距离或航程、绘制船位和量取船位、测量船位差等。

海图分规的使用：海图作业所用的分规，一般都是铜质大分规，两个脚针不宜太尖。在量取距离或经纬度时，不宜太用力，分规应与海图平面有一个倾斜角度，轻用力操作，防止脚针刺破海图。

海图分规和圆规的区别：海图分规是由两个针形的脚组成，主要用于绘制船位和量取距离；海图圆规是由一个针形的脚和一个带铅笔的脚组成，主要用于画圆弧。

（二）海图分规的应用

1. 量取距离

在量取船位、距离时，可用海图分规截取线段配合使用航海三角板完成海图作业，如图 1-2-6 所示。

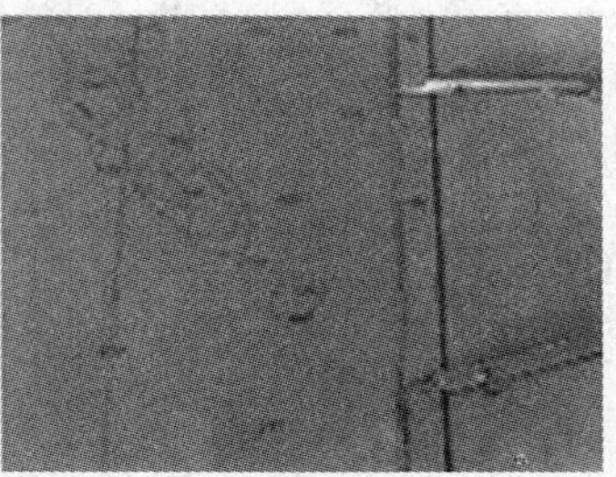

图 1-2-6 海图分规量取距离

2. 量取航程

在航迹推算时，可用海图分规截取船位、量取船位差等，如图 1-2-7 所示。注：量取较长航程时应在所量线段的中部纬度测量。

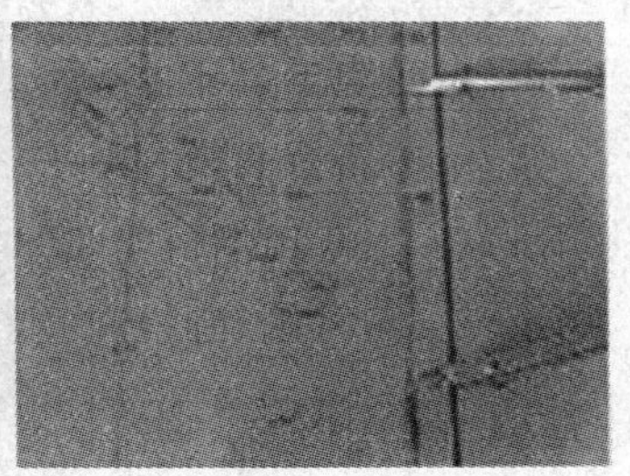

图 1-2-7 海图分规量取航程

（三）海图圆规简介

圆规是画圆和圆弧的工具。如图 1-2-8 所示，圆规的一条腿上装有定心钢针，称为“固定腿”；另一条腿上具有肘形关节，可装铅芯插腿或直线笔（鸭嘴）插腿等各种插腿以及加长杆（称为“活动腿”），分别用来画铅笔圆或墨线圆以及大圆。铅芯插腿内可装入软或硬两种铅芯，以满足绘制粗、细两种不同图线的要求。铅芯露出长度为 5～6 mm，并且要经常磨削。圆规的两腿合拢时，针尖应比铅芯或直线笔的尖端稍长。

海图圆规的作用：画圆、圆弧，截取船位等。

海图圆规的使用：画圆时，先张开圆规的两条腿，使定心钢针与铅芯的距离等于所画圆的半径，然后将针尖轻轻插入圆心，用右手拇指与食指捏住圆规顶端手柄，使圆规铅芯接触纸面做顺时针方向旋转，即可画出一个圆。转动时，用力和速度都要均匀，并使圆规略向前倾斜。画大直径圆时，必须使用加长杆增大半径，并尽可能使定心钢针和铅芯垂直于纸面。

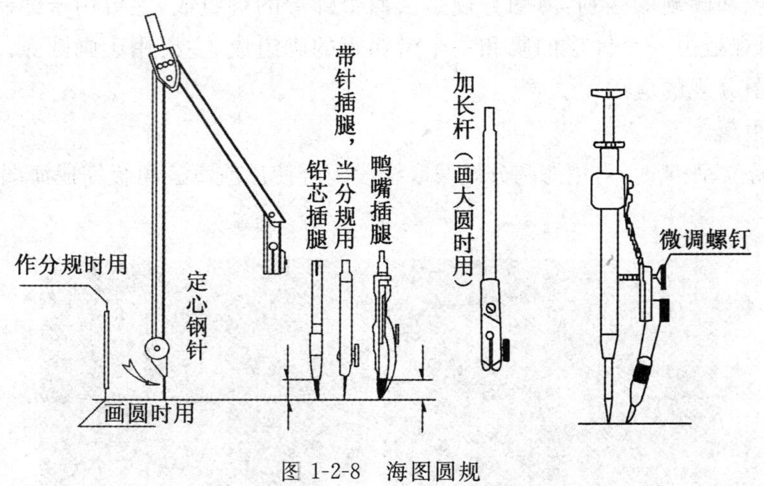

图 1-2-8　海图圆规

(四)海图圆规的应用

1.绘制船位(见图 1-2-9)

选择参考经线(或参考纬线)→使用一个三角板平移至该纬度(或经度)→使用分规截取距参考经度(或纬度)的长度，在三角板上截取的点即是该船位→把已知船位转移至海图上。

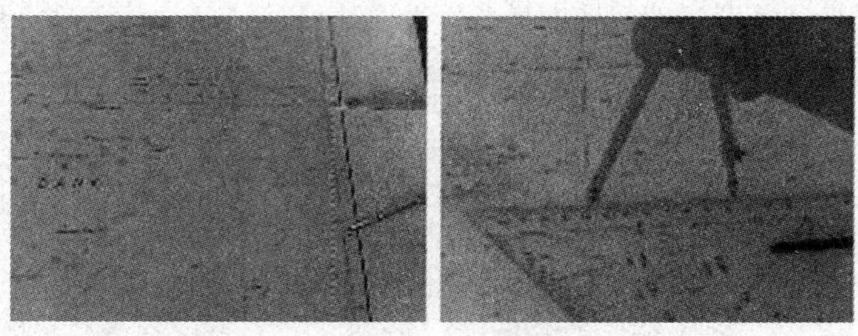

图 1-2-9　海图圆规绘制船位

如 20°18′N，122°23′E，比较该位置距离图廓经线刻度与纬线刻度距离，如果距离图廓经线较近，具体步骤如下：

在图廓纬度刻度线上，找到距该纬度最近的参考纬度，用分规截取两点纬差→把一个三角板斜边黑色细线压住距该位置较近的经线，平移至 122°23′E，用分规在参考纬度处截取相应的纬差，所截取的点即该船位。

如果该点距离图廓纬度较近，具体步骤如下：

在图廓经度刻度线上，找到距该经度最近的参考经度，用分规截取两点经差→将三角板斜边黑色细线压住距该位置较近的纬线，平移至 20°18′N，用分规在参考经度处截取相应的经差，所截取的点即该船位。

2.量取船位

将三角板斜边黑色细线压住距该船位较近的纬线，平移至该船位，用分规截取与距该点较近的经线(参考经线)的经差→使用分规在参考经线截取相应的经差，所截取的点即该点的经度。

将三角板斜边黑色细线压住距该船位较近的经线，平移至该船位，用分规截取与距该点较近的纬线（参考纬线）的纬差→使用分规在参考纬线截取相应的纬差，所截取的点即该点的纬度。

量取距离时注意事项：

（1）利用灯塔、灯桩量取距离时，可从中心开始计算。

（2）利用山量取距离时，可从海图上的山边开始计算。

四、《航海通告》中永久性通告的改正

（一）永久性通告的格式

在使用英版《航海通告》第Ⅱ部分正文中的永久性通告之前，有必要对通告的格式有一个大致的了解，下面就分别对以英版《航海通告》2003 年第 14 期为分界线的永久性通告的两种不同格式作一简单介绍。

1. 2003 年第 14 期及其之后的通告格式

以 2003 年第 44 期《航海通告》中的 4758 号通告为例，其通告内容如图 1-2-10 所示。

4758 SOUTH CHINA SEA - Pulau-Pulau Natuna Besar - Midai - Tanjong Kapal - Light.
Light List Vol. F, 2003/04, 1838.35
Source: Indonesian Notice 28/200/03

Chart 1311 [*previous update 4756/03*] UNDETERMINED DATUM

Insert ☆ Fl.5s15m12M 2° 58′·8N., 107° 48′·7E.

Chart 1348 [*previous update New Edition 28/08/2003*] UNDETERMINED DATUM

Insert ☆ Fl.5s49ft12M 2° 58′·8N., 107° 48′·7E.

图 1-2-10 2003 年第 14 期及其之后的通告格式

这条通告中的内容说明如下：①首行是黑体字印刷的通告号（如果通告号后有 * 标记，说明该通告来源于原始资料）和该通告改正内容所在的海区、位置和改正的项目，其中海区用大写字母印刷，更详细位置（范围越来越详细）和所改正的项目（该行最后一项内容）用单词首字母大写的方式印刷。②当本条通告涉及了某灯标的变化时，则在首行下会给出所涉及灯标所在的灯标表卷数、版本号及灯标的国际编号。此例中的第 2 行内容就说明了该通告涉及了灯标表 F 卷（2003/04 版）中编号为 1838. 35 的灯标，对灯标表的改正内容会出现在《航海通告》的第Ⅴ部分中，注意在第Ⅴ部分中的改正有时会早于对海图的改正。③当本条通告涉及了某无线电信号标的变化，则在首行下还会给出所涉及无线电信号标所在的无线电信号书卷数、版本号、该信号标的国际编号和在信号书中改正该信号标的《航海通告》期数。例如 2003 年的第 44 期《航海通告》中的 4802 号通告，首行下的文字为 ALRS Vol. 2，2003/04：81820（31/03），说明了该条通告涉及了无线电信号书第 2 卷（2003/04 版）中编号为 81820 的无线电信号标（对无线电信号书的改正在 2003 年的第 31 期《航海通告》中的第Ⅵ部分）。④Source（消息来源）后面的内容表明了该条通告的来源（某政府部门、某国家的海图或通告、个人或船舶的原始观测资料）。此例中的

Source 部分就说明了这条通告是来源于印度尼西亚版《航海通告》2003 年第 28 期中的第 200 号通告。⑤在消息来源下面有时会有 Notes(注释),主要是刊登一些与本通告有关的其他信息,例如由于本通告的出现,某 T&P 被取消或某些海图图号从某 T&P 的相关海图列表中删除等等。⑥最后就是本通告的主要内容——涉及的海图及改正内容,这部分是自 2003 年第 14 期《航海通告》改版后的最大变化,即同一条通告如涉及几张海图,会分别列出每张海图的改正内容(即使每张海图的改正内容完全相同也是如此)。例如,本通告就分别列出了两张海图(Chart 1311 和 Chart 1348)的改正内容。以 Chart 1311 为例,该部分先用黑体字列出海图图号,再后面用带方括号的斜体字给出该图的上一个小改正的通告号(Chart 1348 中的该项内容说明该图是 2003 年 8 月 28 日出版的新图,此通告是它的第一条改正),再后面的大写字母给出了此图改正使用的是何种平面坐标系(本例中为未测定的坐标系,其他还有 WGS84 等众多的坐标系)。海图图号行下面就是对海图改正的具体内容了,包括改正的方式(插入、删除、修正、代替、移动等)、改正的对象及其位置(一般用经纬度表示)共三列内容。例如,本通告对 Chart 1311 的改正内容就是在 2°58′.8N,107°48′.7E 这个位置上添加一个灯质为 Fl. 5s15m12M 的灯标(Chart 1348 中灯质的略有不同是因为两张海图使用了不同的高度单位)。在海图改正内容这部分,如果对一张海图有几个改正条目,会逐条以上述格式列出。

2. 2003 年第 14 期之前的通告格式

以 2003 年第 13 期《航海通告》中的 1549 号通告为例,其通告内容如图 1-2-11 所示。

1549 KOREA, West Coast — Ando Southwards — Sindot' asŏ — Light-beacon; Islet

Substitute	★ *Fl.G.13M*, for islet	(*a*)	36° 53′·6N., 126° 09′·2E.
Amend	range of light-beacon to, *13M*	(*b*)	(*a*) above

Chart [*Last correction*].— **1270** (INT 5363) (*b*) [*1191/03*] — **1258** (*b*) [*672/03*] — **1256** (*a*) [*1332/03*]
Light List Vol. F, 2002/03, 4156.35
National Oceanographic Research Institute, Korea (*HH.557/417/02*).

图 1-2-11 2003 年第 14 期之前的通告格式

这条通告中的内容说明如下:①首行与新版《航海通告》相同,也是黑体字印刷的通告号(如果通告号后有 * 标记,说明该通告来源于原始资料)和该通告改正内容所在的海区、位置和改正的项目。②首行下面紧接着是对海图改正的具体内容,也是包括改正的方式(插入、删除、修正、代替、移动等)、改正的对象及其位置(一般用经纬度表示)共三列内容。这部分是与 2003 年第 14 期之后《航海通告》的最大不同之处,就是当本通告涉及几张有不同改正条目的海图时,会在相应改正条目的改正位置前用(a)(b)(c)等编号标记出,然后在后面的关系海图列表中指示每张海图应使用哪条改正。③当本通告有注释(Notes)内容时,会出现在海图改正内容部分之后。④接下来的 **Chart** [*Last correction*]及其之后的内容就是本通告的相关海图列表,其中用黑体字印刷相关海图图号,后面用带方括号的斜体字给出该图的上一个小改正的通告号,并如前所述,当每张海图涉及不同的改正条目时,会在海图图号之后指示出该海图所需改正的条目编号,如无编号指示,说明该图需改正本通告中的所有条目。⑤在相关海图列表后是与本通告有关的灯标表和无线电信号书的改正说明,此部分的格式与新版《航海通告》相同。⑥每条通告的最后一行是该通告的来源,该部分内容与新版《航海通告》也基本相同。⑦旧版《航海通告》中无对此图改正使用何种平面坐标系的说明，一般是与所改正海图的坐标系相同，如有特殊情况，会以注释的形式进行说明。

（二）永久性通告的改正方式及改正方法

1. 插入（Insert）

该方式是在指示位置处插入（添加）所需改正的对象，如图 1-2-12 所示。

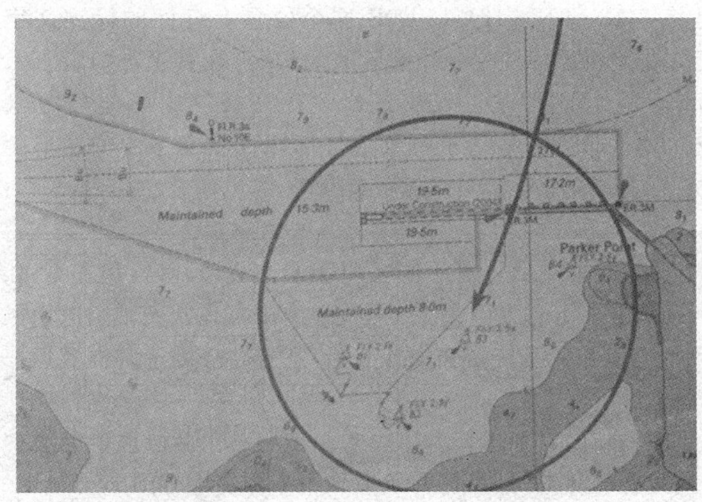

图 1-2-12　插入

2. 删除（Delete）

该方式是将指示位置处的改正对象用删除线划掉，如图 1-2-13 所示。

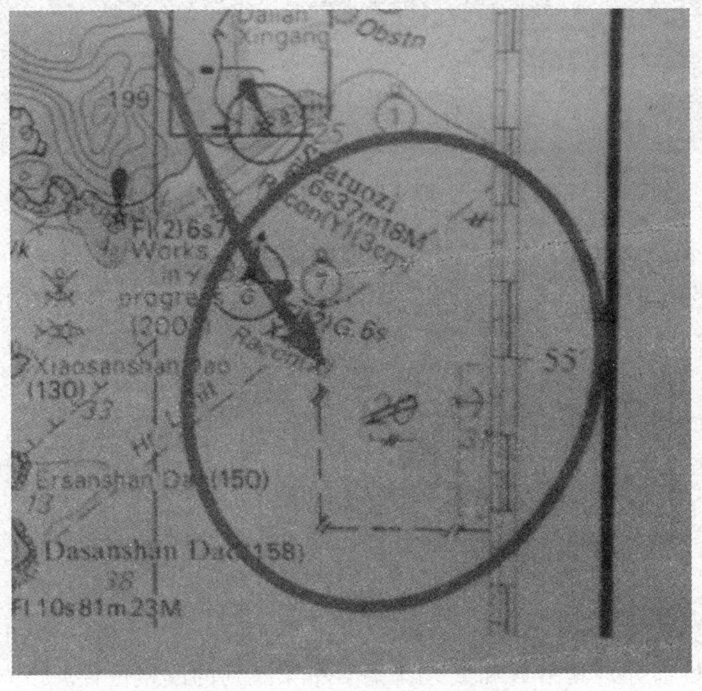

图 1-2-13　删除

3. 修正(Amend)

该方式的格式是“Amend A to, B”,即将指示位置处改正对象(A 部分)的标注文字修正为新的内容(B 部分),如图 1-2-14 所示。这种方法主要用于修正灯标的灯质变化,例如:

Amend light to, Fl. G. 5s37ft7M　　　　8°13′. 9N. , 124°13′. 9E.

该通告就是将 8°13′. 9N. ,124°13′. 9E 这个位置上灯标的标注文字修正为 Fl. G. 5s37ft7M。改正方法是将原标注文字用删除线划掉,再在其上方(或附近)写上新标注文字 Fl. G. 5s37ft7M。有时此种改正仅仅是修改标注文字中的部分内容,例如“Amend range of light to, 5M”即只需将指示位置上灯标原标注文字中的照射距离用删除线划掉,然后在其上方(或附近)写上新的照射距离 5M。

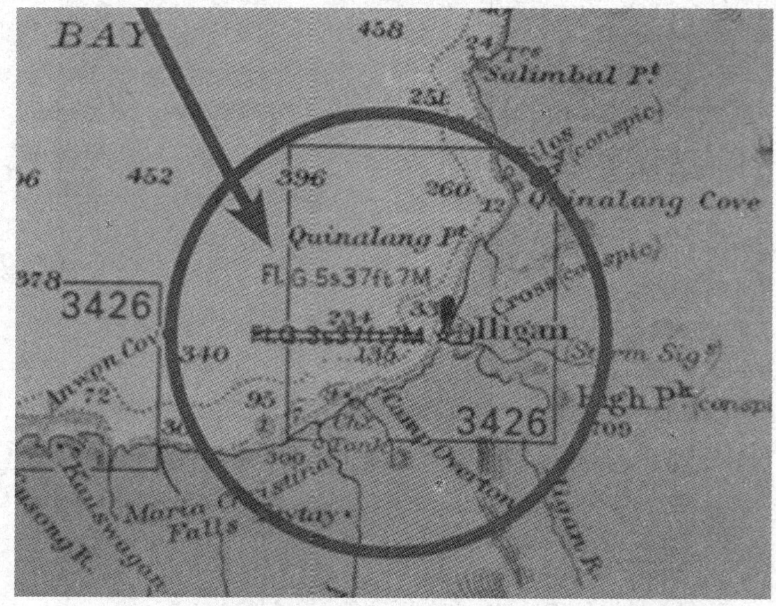

图 1-2-14　修正

4. 代替(Replace)

该方式的格式是“Replace A for B”,即用新的对象(A 部分)替换指示位置上原有的对象(B 部分)。这种改正方法主要用于在同一位置上由于海图图式代表的对象发生变化而需进行的改正,例如:

Replace depth 689m for depth 792m (a) above.

该通告就是用水深 689m 代替本通告(a)条目位置上的原有水深 792m,改正方法是将指示位置处的 792(代表 792m 水深)用删除线划掉,在该位置附近空白处写上 689(代表 689m 水深),并用一条带箭头的曲线将新修改的水深 689 指向原水深 792 处。

5. 移动(Move)

该方式的格式是“Move A from: B to C”,即将改正对象(A 部分)从旧位置(B 部分)移动到新位置(C 部分),其中 B 和 C 均为通告中第三列的改正位置。该方式的改正方法是在新位置画一小圆圈,然后用一条带箭头的线将改正对象从旧位置指向新位置(见图

1-2-15)，例如：

2912 UNITED STATES OF AMERICA - East Coast - Connecticut - Long Island Sound - New Haven Southwards Buoy.
Source: US Notice 20/12354/06

Chart 2754 [*previous update 5163/05*] NAD83 DATUM

Move *Fl.Y.4s 'CDA'* from: 41° 09′·00N., 72° 52′·80W.
to: 41° 08′·68N., 72° 53′·20W.

该通告就是在新位置 41°08′.68N，72°53′.20W 上画一个小圆圈，然后用一条带箭头的曲线将浮标(灯质为 Fl. Y. 4s，名称为 CDA)从原位置 41°09′.00N，72°52′.80W 指向新位置。

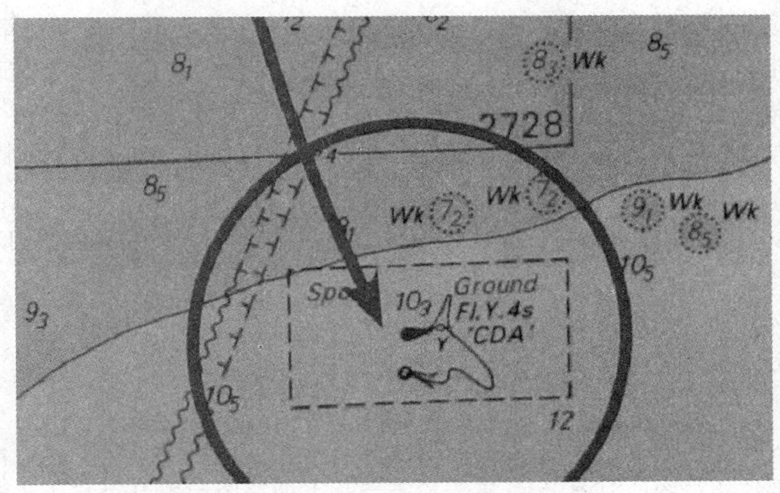

图 1-2-15 移动

6. 贴图(Accompanying Block/Notes/Table)

在《航海通告》第Ⅱ部分的最后，是本期通告所需使用到的贴图，其中包括对标题栏中注释(Notes)和表格(Table)以及主图部分(Block)的贴图改正。此类改正一般又可分为插入和代替两种方式，都是将贴图按照通告指示的中心位置粘贴在海图上，只不过后者是将原内容覆盖住。例如：

Insert the accompanying block, showing new swept areas and berths and amendments to buoyage and depths, centred on:36°01′.15N., 120°13′.84E.

该通告就是将新贴图(显示新的扫海区域及泊位，以及对浮标系统和水深的修正)粘贴在以 36°01′.15N，120°13′.84E 为中心的位置。新贴图可在本期《航海通告》第Ⅱ部分的最后找到，在每个贴图的上方有此贴图是对哪条通告改正的说明，在贴图的下方有此贴图是对哪张海图的改正的说明(此点比较重要，尤其是当一条通告中对几张海图都有贴图改正时)。

7. 海图的杂项改正(Miscellaneous updates to charts)

每期《航海通告》的最后一个通告号，往往是对海图的杂项改正，而此通告却总是《航海通告》第Ⅱ部分正文的第一条通告。此类通告刊登的一般是关于本海图中包括的大比例尺海图的参照图、邻接海图图号以及与定位有关的贴图等方面的改正，每期中的该通告中会包括对几张至十几张海图的改正。此类通告的格式与普通通告有所不同，它在通告号及通告内容说明的下面，分为三栏，分别是海图图号（Chart）、该图的上一个小改正号（Previous Update）及改正的详细内容（Details），例如：

Chart　Previous Update　Details

3248　4225/01　Insert magenta limit and chart number，3745，as follows：

North：00°01′.4N.　East：131°44′.0E.

South：01°11′.8S.　West：129°40′.0E.

Delete magenta limit and chart number，3745，in position

00°01′.0S.，132°01′.5E.

该通告改正的是图号为 3248 的海图，该图的上一个小改正是 2001 年的第 4225 号通告。此条改正包括了两项内容，第一项是按指定的东、南、西、北四个图幅界线画出紫红色的参照图图幅界线，并注明该参照图的图号 3745（一般标注在参照图内的两个对角上）。当参照图的某条图幅边线不在本海图的范围内时，该图幅边线后是一个短划“-”，这时只需将与该图幅边线垂直的另两条图幅边线画到海图的相应边界处即可。第二项是将指定位置（该位置一般为参照图的两个图号之一）处的参照图图幅界线和参照图图号用删除线划掉即可。

（三）永久性通告的改正步骤

在本部分中提及的内容均为对永久性通告的核对和改正，关于临时性通告和预告的相关内容请见下一部分的介绍。

1. 抽取卡片

取出所要改正海图的海图卡片，首先检查卡片上的海图版本是否与所改海图的版本相同，如卡片仍为旧版本海图的卡片，应新建现用版本海图的海图卡片；然后使用 NP234 核对所登记的通告号是否齐全，如有遗漏应补填在海图卡片上。需注意的是，在使用 NP234 核对所登记的通告号时，不仅仅要核对海图小改正栏中最后一个改正之后的通告号是否齐全，还应核对已改正的通告号是否齐全，以防某任二副有漏登或漏改的情况。

2. 抽取通告

从未改正的第一条通告开始，按照海图卡片上登记的通告号及其所在的期数，取出所需的各期《航海通告》。如某任二副只登记了通告号而未注明该通告所在的期数，根据每期《航海通告》中大概有 100 条通告这个规律，查看可能的几期《航海通告》封面左上角的通告号码范围。

3. 改正

将每期《航海通告》中的相关通告浏览一遍，然后按照从前至后或从后至前的顺序，根据前面所述各种改正方式的不同改正方法，逐条将通告中的改正内容用专用的海图改正笔改正在海图上。在每条通告改正完成后，用红笔在海图卡片的相应通告号上和《航海通告》中所改海图的图号下画“√”，以示此条通告已在此图上改正完毕，同时注意利用通告中本海图图号后的上一条小改正号码，再次核对海图卡片中登记的通告号是否正确和完全。

4. 登记

在本张海图的全部永久性通告改正后，将通告号用专用的海图改正笔登记在海图左下角的小改正栏中，至此，本张海图的永久性通告改正工作完毕。如果本张海图还有其他内容的改正，则继续对其进行其他内容的改正；如所有内容均已改正完毕，则将海图、海图卡片和《航海通告》放回原处，再进行下一张海图的改正工作。

（四）注意事项与经验体会

1. 在进行海图改正时，为了保证所使用的改正方法及海图图式符合英版海图的习惯和格式，二副可参考 NP294（How to Keep your Admiralty Products Up-to-date）和 Chart 5011（Symbols and Abbreviations Used on Admiralty Charts）中的相关内容。

2. 在《航海通告》中，当所改正的为电缆、输油管路或某种特殊区域等需要多个位置点的内容时，在第三列的改正位置处会以每一行指示一个位置点的形式列出。

3.《航海通告》中所给的改正位置，大部分是以经纬度的形式，但有时也以（a）above 或 close SE (a) above 这样的形式给出，其中的（a）是指本通告中相应的位置点。另外，有时为了精确定位，会在所给的经纬度旁用文字指示该位置的对象，例如 41°16′.03N.，28°55′.00E.（shore），表示该点位置是在岸上；而 39°21′.80N.，2°47′.40E.（★）表示该点位置处有一个灯标，这种方式可以帮助改图者迅速准确地找到所需改正的位置点。

4. 利用（a）（b）（c）……这种表示位置点的方法也会运用在对同一张海图的改正中，例如改正内容为电缆、输油管路、特殊区域等等，一般在后面会注明从某点至某点之间的位置点是属于同一根电缆（管路、区域），或要求在某点与某点之间标注相关文字说明。

5. 当需要在几个不同的位置改正相同的内容时，会在通告中第三栏的改正位置处用几行将几个位置分别列出，而第二栏的改正对象只在其中的第一行给出，改正时要注意将所有位置上的对象改全，不要有遗漏。

6. 新版《航海通告》中各个改正对象的标注文字的字体均与实际相符，只需按照通告上的字体格式改正在海图上即可。

7. 英版《航海通告》中，光弧界限及导标方位都是指从海上向灯标的方向；其他一切用方向、距离来指明位置者，都是指从参考点出发。

8. 改正时要使用专用的红色改图笔进行改正，务求准确无误，字体清晰端正，要使用 Chart 5011 中的标准海图图式和缩写，所画的海图图式不要太大也不要太小，尽量与所改海图中其他类似的图式大小相等。

9. 当改正处空间较小，将所需改正内容改正在指定位置处可能会影响读取附近的一些资料信息时，可在指定位置处画一个小圆圈，然后在附近空白处画好所改正的内容，用一条带箭头的曲线将改正内容引至小圆圈处，注意标示一定要清楚，以免引起误解。

10. 当改正内容为参照图图幅、电缆、输油管路等线状图式时，由于此类图式一般都较长，往往需要从海图上已有的图式（例如水深、罗经花、标注文字等）上穿过，此时所改图式应在穿越处适当中断，不可将已有的图式内容盖住。

11. 当在海图上画电缆线时，靠手工在两个位置点间画电缆线的图式（波浪曲线），一方面画出的曲线不易保持一致的方向，另一方面波浪线的间距也不易保持一致，如果用一根有较宽齿距的锯条代替直尺使用，就可轻松解决这个问题。

12. 当改正对象为水深时，无论其水深单位是什么，当改正在海图上时只写数字而不写单位。要注意水深中如有用下标表示的部分时，前后两种不同单位的数字应能明显区分出来，而不致造成误解。

13. 当改正方式为删除、修正和代替时，所使用的删除线不能太粗，应保持被删除的图式或缩写完整可辨。

14. 在使用贴图改正时，通告中往往给出的是贴图所在的中心位置，对于注释和表格来说，用中心位置定位已经足够；但对于主图部分来说，仅仅根据贴图的中心位置还不能达到精确定位，较好的方法是利用贴图中靠近四边的图式（等深线、数字、文字、经纬线等）与海图中相应图式的相对位置关系来协助找准贴图应粘贴的位置。另外，需要特别注意的是，在使用胶水粘贴贴图时，要考虑到胶水抹在贴图上后，会使贴图的纸张有一定程度的拉伸，在贴到海图上前，一定要再次核对贴图四边的图式与海图上的相应图式位置完全吻合（仅仅一边或两边吻合还不够），待四边都完全一致后方可将贴图粘贴在海图上。

15. 改正海图时，一般是按照航线的顺序从前至后改正，并先改大比例尺的航行图，后改小比例尺的参考图。对于同一张海图的改正，原则上还是将通告从前向后依次改正，但在实际中，二副一般习惯于从后向前改正。因为在改正中，经常会发现同一个对象在几期《航海通告》中都有改正内容，这种改正有时是反复的，例如新增某一灯标，然后再移动位置，最后又将该灯标删除，如果是从前向后改正，该灯标需要改正三次，而从后向前则无需改正，因为该灯标最后已经删除了。从后向前的改正方法最大的优点是减少了二副的工作量，海图上也比较清爽，而且便于核对前一个小改正号码。但在有贴图改正时需要特别注意，比如某海图采用从后向前的改正方法，二副在某位置上先修改了一个水深，然后在随后的改正中在该水域粘贴了一张贴图，将刚刚修改的水深覆盖住了，由于贴图改正所在的《航海通告》出版于水深改正所在的《航海通告》之前，所以该贴图上的水深是未经改正的，如果二副忽略了这个问题，认为该水深已经改正，就会对航行安全构成隐患。因此，如果二副选择从后向前的改正方法，一定要预先将各条通告所改正的内容浏览一遍，以免发生差错。

16. 由于在下航次航线拟定前，就要结束海图改正工作，所以改正海图一般都会提前进行，即下航次用的海图在本航次就已经开始进行改正了。这时二副会出现一个常见的疏忽，就是当现在的船位和所改海图的地理位置是处在南、北（东、西）两个不同的半球时，由于平时画整点船位的惯性使然，在改正海图时极易搞错南、北纬（东、西经）的关系，这一点需特别引起注意。

17. 在海图左下方的小改正栏中，通告的年份是用粗体字表示，而通告号是用小一号的斜体字表示，例如 **2010**-*4610*-**2011**-*295-1403-3644-4315*-**2012**-*109-799*。当二副登记小改正时，原则上应该严格按照上面的格式书写通告号码，但在实际中一般人很难将手写体写出印刷体的效果，这样有时会使通告年份和通告号码不易分清，比如 **2010** 和 *2010*。一个折中的办法是用单书名号将年份括起，例如〈2010〉-4610-〈2011〉-295-1403-3644-4315-〈2012〉-109-799，这样即使是手写体也可以清楚地分辨出通告年份和通告号码。

18. 在改正澳版海图时，有时澳大利亚要求船舶配有一些指定的澳版海图，而这些海图并未由英国水道测量局重印出版（此类海图在 NP131 上无记录），例如抵 PORT HED-

LAND锚地前的Aus 52和抵DAMPIER锚地前的Aus 57,在接受澳大利亚港口国检查时经常需要出示,所以配备此类海图的船舶要在抵澳大利亚前通过船长向代理索取澳版《航海通告》进行改正。

19.《航海通告》的文字中也可能存在差错,尤其是方位、距离、经纬度等数字。若发现此情况,应反复核对,确定后再行改正。

五、《航海通告》中临时性通告和预告的改正

(一)临时性通告和预告的格式

临时性通告和预告(T&P)的格式相对于永久性通告来讲要简单一些,而且在以2003年第14期为分界线的新、旧版《航海通告》中的差别也不大,下面就以新版航海通告中的T&P为例来进行简单的介绍(见图1-2-16)。

4087(P)/11 SAUDI ARABIA - East Coast - Approaches to Ad Dammām (Mīnā' al Malik 'Abd al 'Azīz) - Dredging areas. Works. Buoyage. (continued)

3. * A special light buoy, *Q.Y.Y2*, has been established in position 26° 30′·61N., 50° 12′·67E. to mark the limit of the dredged area.
4. Mariners should contact 'Dammām Port Control' on Channel 16 for further instructions before entering the channel.
5. Mariners are advised to exercise extreme caution and to obey signals exhibited by the dredgers.
6. Charts will be updated when the works are complete.
   * Indicates new or revised entry.
   (All positions are referred WGS84 Datum)
7. Former Notice 428(P)/11 is cancelled.

Charts affected - 3777 (INT 7266) - 3788 (INT 7265) - 3790 (INT 7252) - 3812 (INT 7268)

(a) 临时性通告

4121(T)/11 THAILAND - Gulf of Thailand Coast - Ao Rayong North-eastwards - Wreck.

Source: Thai Notice 113(T)/2554 (2011)

1. A wreck exists in approximate position 12° 37′·31N., 101° 17′·40E. (WGS84 Datum).
2. Mariners are advised to navigate with caution in the area.

Charts affected - 67 - 3966

(b)预告

图1-2-16 临时性通告和预告

这条通告中的内容说明如下:①首行是黑体字印刷的通告号和该通告改正内容所在的海区、位置和改正的项目,其中海区用大写字母印刷,更详细位置(范围越来越详细)和所改正的项目(该行最后一项内容)用单词首字母大写的方式印刷。这部分与永久性通告不同的是,在通告号后面注明了该通告是临时性通告(T)还是预告(P)以及该通告的年份。②首行下面是消息来源(Source)。③消息来源的下面就是本则通告的正文,由于T&P大多刊登的是灯标的临时性熄灭或移位,据报的沉船及碍航物位置,各种临时性和预告性的区域等内容,并涉及各种规定和要求等等,所以正文中都是采用文字叙述的方式,而不像永久性通告那样采用固定的三栏格式。正文中如果内容较多,也会按条目将不同内容分别列出,一般来说最后一条内容是关于取消其他T&P或本条T&P的有效期限。④在每条T&P的最后一项内容是用黑体字印刷的相关海图列表,与永久性通告不同的是在T&P中不给出相关海图上一个T&P通告号,也不分别列出不同的海图需要改

正哪些不同的内容。⑤在 T&P 中,不刊登海图使用的坐标系、相关的《灯标雾号表》和《无线电信号表》的信息。

(二)临时性通告和预告的改正步骤

1.准备工作

每张海图在改正完永久性通告之后,就应进行对该海图的 T&P 的改正。T&P 的改正不需要抽取《航海通告》,只需取出当年的 NP247、当年的《临时通告剪贴簿》以及最新一期的有效 T&P 总清单。如果当年的 NP247 尚未供船,则需取出上年的 NP247 和上年的《临时通告剪贴簿》、当年的《临时通告剪贴簿》以及最新一期的有效 T&P 总清单。

2.核对 T&P 的有效性

与永久性通告不同,并不是登记在海图卡片上的所有 T&P 都要改正在海图上,而只需将至今仍有效的 T&P 改正即可。利用最新的有效 T&P 总清单核对登记在海图卡片上的已改正的和未改正的所有 T&P,看该 T&P 是否依然有效或依然对本海图有效,然后将已取消的 T&P 通告号用红笔划一道删除线,并将已改正在海图上的该 T&P 内容和登记在小改正栏中的通告号擦掉,剩下的工作就是改正那些未经改正并且仍然有效的 T&P。要注意最新的有效 T&P 总清单的所属《航海通告》期数,在该期之后刊登的所有 T&P 因为出版日期在总清单出版之后,所以不会在总清单中显示是否有效,此时应认为这些 T&P 都是有效的。另外,在两期有效的 T&P 总清单出版之间的那段时间内,有些 T&P 的取消或某个海图图号从 T&P 的关系海图列表中取消的消息,不仅仅是刊登于《航海通告》第Ⅰ部分中的海图出版消息内,有许多是刊登在第Ⅱ部分的永久性通告和 T&P 中,除非通览全部的永久性通告和 T&P,否则是很难在下一期有效的 T&P 总清单出版之前确定所有已取消的 T&P 和关系海图图号。在这种情况下,对不能确认是否已取消的 T&P 和关系海图,都要根据目前最新的有效 T&P 总清单来认为其仍然有效或对某海图仍然有效。

3.改正

根据 T&P 的通告号和海区,从 NP247 和《临时通告剪贴簿》中查找到相应的 T&P,将通告内容用铅笔改正在海图上。由于 T&P 的内容更多的是文字说明,所以在将必要的海图图式画在指定位置后,还要将通告号和年份标注在指定位置附近,并将说明文字的大致内容标注在附近,例如电缆铺设,禁止在附近抛锚或拖网,该灯标临时性熄灭,该通告的有效期等等,必要时用箭头将文字部分指向所改对象,以便于驾驶员查看 T&P 的详细内容及以后用来取消该 T&P。

4.登记

在本张海图的全部 T&P 改正后,在海图左下角的小改正栏中单列一行,用铅笔注明"T&P:"字样,将 T&P 通告号及年份用铅笔登记在上面,至此本张海图的 T&P 改正工作完毕。如果本张海图还有航警等其他内容的改正,则继续对其进行其他内容的改正;如所有内容均已改正完毕,则将海图、海图卡片放回原处,再进行下一张海图的改正工作。

(三)注意事项与经验体会

1.由于 T&P 没有累积表,所以在改正某海图的 T&P 时,若对以往历任二副是否将 T&P 登记齐全有怀疑时,可使用前面所介绍的新供船海图登记 T&P 的方法对该海图重新进行 T&P 的登记和核对。

2. 当 T&P 中的内容涉及航道、锚地、较长的电缆铺设等复杂情况时，有时也会有贴图，贴图同样刊登在《航海通告》第Ⅱ部分正文之后。此类贴图只是一种黑白印刷的简图，不是按照海图的比例尺印刷，并且无论该 T&P 有几张相关海图，贴图只有一份。如果不改正到该 T&P，一般是不会发现该 T&P 有贴图，所以此类贴图无需与相关的 T&P 一起剪贴到《临时通告剪贴簿》中，而且保存在《航海通告》中也便于复印。在改正时要将贴图为每张需改正的海图复印一份，然后将贴图粘贴在海图的图幅框之外，注意只粘贴几个点即可，并且不要遮盖住航线附近及海图标题栏。当 T&P 取消时，也要将相应的贴图随之撕掉。

3. 当 T&P 的文字说明内容较多、覆盖范围较广而海图相应位置较小时，也可将文字说明部分复印下来，然后像贴图那样粘贴在海图的图幅框之外，或者写在标题栏的空白处，注意要在相应改正位置处注明文字说明所在的位置。

4. 在 T&P 中列出的关系海图一般都是最大比例尺的海图，而不是将所有有关的海图均列出，所以在使用非最大比例尺海图航行时，还要注意是否有在本海图范围内的其他大比例尺海图中的 T&P 没有改正。

5. 有时 T&P 刊登时的海区与后来的有效 T&P 总清单中的海区不同，例如 4224P/02 号通告，在 NP247(2003)中的海区为 13 区，而在后来的有效 T&P 总清单中却出现在 14 区中，如果按照刊登时的海区而在有效 T&P 总清单的 13 区中查找，就容易认为该通告已取消而放弃改正，类似的例子还有 4672P/99 和 3731P/00 等，这可能是出版单位的失误导致的，所以二副在改正 T&P 时一定要认真核对 T&P 的有效性。

6. 有的 T&P 在通告内容的最后注明有该 T&P 的有效期，但原则上在没有接到取消该通告的消息之前，即使该 T&P 的有效期已到，也应认为该 T&P 仍然有效。

六、海图的管理

(一)海图的配备与添置

配备与添置海图，既要满足航行安全的需要，又要本着厉行节约的原则。

接收新船后的海图配备，应考虑将本船要航行区域的总图、航行图及参考图配齐。配备港泊图时，不仅要考虑到船舶营运可能到达的港口，而且也要考虑到避风锚地等因素。海图常有新版，对于较长时间内不会用到的海图不必配备，以免造成浪费。

远洋船舶还应备有足够数量的空白定位图，其纬度范围应包括本船要航行的大洋水域，对于本船航线接近东西向的大洋区域，其纬度范围的空白定位图应有一定的重复数量。

在购买海图前，必须了解海图的版本及新版情况的预告信息，避免买后不久即告作废的情形发生。若通过代理购买海图，海图送船后，应检查它们是否为最新版，海图的小改正是否改正到最近的有关通告(不含 T&P)，不合格的应退回。

添置海图后，应设立新卡片，或刷新原有的卡片数据，或在《航海通告累积表》的相关海图号上打一“√”，同时检查新海图的“小改正”栏的最后通告号是否与《航海通告累积表》中该海图的最后通告号一致。如果不一致，若海图的通告号早于《航海通告累积表》，说明海图有漏改，应按《航海通告累积表》的通告逐一补改海图；若海图的通告号晚于《航海通告累积表》的，说明《航海通告累积表》没有更新到最新状态，应予更新。同时，检查临时性通告和预告，用仍有效的这类通告逐一改正海图。

(二)海图的存放

每一船舶所配备的海图是根据本船航区，参照海图目录向所属公司领取或选购的。为了使用方便，需将海图有次序地存放保管，海图应存放在干燥的地方，防止受潮。雨雪天进行海图作业时，要注意不可使海图受潮。海图应尽量平放，图幅较大的海图有些是对折或三折存放的。搬运海图时，应卷成筒状，切勿随意折叠，回船后应立即放平恢复原状。

存放海图的具体方法大体上有以下几种：

1. 按图号顺序存放

在图柜的每一格上注明起讫号数，使用时可直接根据海图目录查知所需海图的图号，从中抽选。

2. 按图夹(Chart Folio)存放

中版海图目前尚不按图夹发行，各船可根据本船航区的需要，按图号顺序或按地理位置次序自行编夹。英版海图是按地区编成图夹的，为了便于选购和使用，图夹又分为标准图夹(Standard Folio)和缩节图夹(Abridged Folio)两种。标准图夹包括该所属地区的全部英版海图；缩节图夹主要包括一个或数个标准图夹所属地区的航海图，可能不包括若干大比例尺的港泊图与远离航线的沿岸图。

每个图夹应贴有该图夹内的海图号列表，夹内海图可自行沿岸编顺序号(Consecutive Number)。

3. 按航线存放

经常航行在一条或数条航线上的船舶，可按航线以相邻图的次序存放海图，亦可按用图次序单独编号。

无论按哪种方法存放海图，总的原则都应是便于使用。切不可将海图乱堆乱放，致使用图时无从抽取。

4. 海图卡片

不管采用上述哪种存放方法，为了便于查找及了解海图的可靠程度，可对所有海图进行建卡。海图卡片的样式如图 1-2-17 所示。如果系按图夹存放海图，卡片上应注明该图所属的图夹号，以及在该图夹内自编的顺序号；如果系按航线存放海图，则卡片上应注明所属航线，以及自编的海图使用顺序号。这样，只要拿出一张海图卡片，便可明了这张海图的新旧版别、改正情况、存放地点等。当某张海图宣布作废时，应在将该图抽出的同时，也将其卡片抽出，一起注明作废。海图卡片要按图号顺序存放在专用的卡片箱内。

总之，海图是航海的重要工具，船舶交通事故发生后又是重要的法律证据文件，应该对它十分爱护，妥善管理，正确使用。

海 图 卡 片	
	航区：______ 编号：______
	图夹：______ 编号：______
图　名：______	海图目录区域：______
出版年月：______	出版国家：______
新版或改版日期：______	

图 1-2-17　海图卡片

七、航海图书的更新

(一)英版《海图和出版物总目录》的更新

英版《海图和出版物总目录》每年出新版，其印刷期间的资料变更或印刷错误用随附本书的一张勘误表(Addendum)改正，其后的更新按周版《航海通告》的 Section Ⅰ中的有关通告用红墨水笔进行改正，以使《海图和出版物总目录》能反映英版图书的最新版本情况。改正后，应在 CONTENTS 页的右下角表(Directions for Updating This Volume)中将改正日期填写到对应的周版《航海通告》号右侧(以 2007 年版为例)。

Section Ⅰ中的有关通告主要有：

1. 新图、新出版物

驾驶员必须将新图、新书的这些信息添加到《海图和出版物总目录》中去。

2. 新版图、新版出版物

驾驶员必须将《海图和出版物总目录》中原有的这些海图、出版物的版本信息诸如版本号、新版日期等进行更新。

3. 永久性作废的海图和出版物

驾驶员必须将《海图和出版物总目录》中的这些资料用红线划去。

4. 其他

英版海图代销机构等的变更信息、英版电子海图和出版物信息、AVCS、英版光栅扫描海图光盘信息等也应在《海图和出版物总目录》中进行相应改正。

(二)《航路指南》的更新

英版《航路指南》的资料更新有三个途径：一是出版新的《航路指南》，现有连续改版和非连续改版两种出版方式；二是利用补篇(如有)改正，补篇收集了自现行版《航路指南》出版到本期补篇出版之日的所有改正资料；三是利用周版《航海通告》改正。

1. 利用补篇改正《航路指南》

非连续改版的《航路指南》，仍有补篇改正，补篇有下列三项内容：

(1) 文字改正资料。

(2) 新的海图索引图。

(3) 新旧地名对照表。

当收到补篇后，简短文字的改正可用红笔直接在《航路指南》中进行，补篇中的海图索引图或地名表可直接粘贴到《航路指南》中去，其余篇幅较大的改正可在航路指南的相应处作一记号，以提醒读者在阅读到该处时同时查阅补篇。因此，应将最新补篇夹在相应的《航路指南》中，在查阅《航路指南》时应该同时参阅书中所夹的补篇。

2. 利用周版《航海通告》改正《航路指南》

周版《航海通告》的 Section Ⅳ 刊登了对所有《航路指南》的改正资料，其改正方法参见上一任务。用周版《航海通告》改正后，应在《航路指南》封里的改正登记表(Record of Amendments)中将周版《航海通告》号登记在相应的年份下。

在每季度末的一期周版《航海通告》中，在 Section Ⅳ 中增加了至本周版《航海通告》出版日仍有效的改正《航路指南》的通告以及所涉及的书号、书中的页码、通告内容的标题及周版《航海通告》号与年份，可用以检查《航路指南》通告汇订本中的通告的有效性。

在英版《航海通告年度摘要》中重印了至当年初仍有效的对《航路指南》改正的所有改正资料。

3. 补篇或者《航海通告》中出现频率较高的用语

For (A) read (B)：将(A)改为(B)

Amend (A) as (B)：将(A)修改为(B)

Delete … to … and substitute (B)：将……到……的内容删除，代之以(B)

After (A) insert (B)：在(A)之后插入(B)

Line … add (B)：在……行增加(B)

Replace by (A)：该处用(A)代替

Insert (A)：该处插入(A)

Add (A)：该处增加(A)

Delete (A)：该处删除(A)

(三)《灯标雾号表》的更新

英版《灯标雾号表》由英国水道测量局每年交叉出版(如 2007/2008)。各卷的现行版信息刊于季末一期周版《航海通告》中。新版《灯标雾号表》的资料截止日期及其周版《航海通告》号印在各卷的副封面中，图书代销机构不负责改正《灯标雾号表》，使用者购买新书后应接着该周版《航海通告》继续改正。新《灯标雾号表》出版后的资料变更由周版《航海通告》的 Section Ⅴ 发布。

周版《航海通告》中对《灯标雾号表》的改正资料是按 A～M 卷的顺序单面印刷的，其格式与原书中的资料格式完全相同。收到周版《航海通告》后，可将 Section Ⅴ 拆下分别放到相应卷内，以便抽空改正。改正时，应将改正内容按灯标编号剪贴到对应的灯标编号处。粘贴时，应与原灯标资料对齐，但不要贴死，保留原资料仍可见。简单的改正内容也可用红墨水笔直接改注在原来资料上。当有新的灯标增添时应根据其编号按顺序贴到其上下相邻编号之间，注意不要将其上下编号的资料贴死。

改正完成后，应将改正用到的通告的周版《航海通告》号及改正日期按顺序登记在改正登记表内。

由于《灯标雾号表》的改正资料通常比海图上同一灯标的改正资料发布得早且详细，因此，当海图上和表中的资料有差异时，应参考《灯标雾号表》上的资料。

(四)《无线电信号表》的更新

《无线电信号表》每年出新版，在实际工作中，长期班轮航线往往仅对本船航区内的资料进行改正，其余的可不作改正。《无线电信号表》的改正信息发布在周版《航海通告》的 Section Ⅵ，在发布本书出版信息的那期周版《航海通告》中，刊有本书印刷期间的改正资料。此后，每一季度末在周版《航海通告》的 Section Ⅵ摘要列出改正过的电台编号及周版《航海通告》号一览表，以供校对。Section Ⅵ中的改正资料单面印刷，按书卷号的顺序编排。收到周版《航海通告》后，可将有关内容按通告中的要求剪贴到相应书卷的电台资料处，但原文不要贴死。改正完成后，应将改正用到的通告的周版《航海通告》号及改正日期按顺序登记在卷首封里的改正登记表内。

(五)其他资料的更新

1.《世界大洋航路》的更新

《世界大洋航路》出版后的更新(Up to Date)手段有补篇(Supplement)和周版《航海通告》。补篇不定期出版，其中刊有现行版《世界大洋航路》出版以来的所有改正资料；补篇发行后的改正用周版《航海通告》的 Section Ⅳ进行。每季度末的周版《航海通告》刊有仍有效的这类通告号，年底仍有效的这类通告重印在下一年度的《航海通告年度摘要》中。具体改正方法与《航路指南》的改正方法相同，改正后作好登记。

2.英版《潮汐表》和《进港指南》的改正

英版《潮汐表》每年出版，当年使用。其改正资料在《航海通告年度摘要》的第 1 号年度通告中，名为“Admiralty Tide Tables-Addenda and Corrigenda”(英版《潮汐表》的补遗和勘误)，另外《潮汐表》本身也可能附有勘误表。

《进港指南》由英国航运指南公司发行，一般每两年改版一次，新版发行，旧版作废。因本书属于非 NP 系列图书，故而不用英版《航海通告》来改正。用户可用该公司提供的更新 CD 更新此书。

3.英版 5011 海图图式的更新

Chart 5011 不定期改版，有关海图图式的变化信息发布于周版《航海通告》中。船舶应及时地将变化资料进行改正，并在封里的“Notices to Mariners”表中作好改正登记。

八、管理航海图书

船舶一般可参照年度通告 18 号的要求及我国交通部《海船航海图书资料配备要求》，根据本船航区，运用《海图和出版物总目录》配置图书资料。为了使用方便，船上所配置的书表一般存放于通风、干燥的海图室的书橱中，同时可编制“×××轮航海图书资料一览表”进行管理，如表 1-2-1 所示。

表 1-2-1　　　　　　×××轮航海图书资料一览表

序号 No.	书号 NP.	书名 Title	版别(年份) Edition	周版号/年份 A. N. M. No.	备注
01	43	SOUTH AND EAST COASTS OF KOREA…	7th(2005)	52/2005	
⋮	⋮	⋮	⋮	⋮	
	100	The Mariner's Handbook	8th(2004)	26/2007	
	136	Ocean Passages for the World	5th(2004)	46/2004	

按样表的格式，将本船配备的所有书表的书号、书名、版别(年份)、周版号/年份(本书出版时的)等填写表格，以便与季度末的周版《航海通告》中所刊印的现行版出版物进行核对，如有新版应及时购买，并在本表中更新相应的记录。在备注栏内可登录书表的更新情况，如收到《航海通告》后，在该表中登记《航路指南》改正的通告号码/周版号，当收到《航海通告年度摘要》后，可进行核对刷新。此表每年更新一次，如此，表中所列的图书资料始终是现行版记录。

职业能力训练

训练目标

1. 能够根据英版《航海通告》查阅有关海图的改正信息。

2. 能够根据英版《航海通告》查阅有关图书(《世界大洋航路》《海员手册》《航路指南》《灯标雾号表》《无线电信号表》)的改正信息。

3. 能够利用英版《航海通告》改正海图和图书资料并正确登记。

情境描述

假设某船舶有下列海图，请使用最新版的《航海通告》进行改正。

船存海图图书清单

1.英版海图				
编号	图号	图名	版本(年月)	比例尺(1:)
1	6	Gulf of Aden	1993	750,000
2	229	Point Pinos to Bodega Head	1992.01	201,000
3	590	San Pablo Bay including Carquinez Strait and Suisun Bay	1997.12	50,000
4	591	San Francisco Harbor and Approaches	1997.12	50,000
5	937	Eastern Approaches to Hong Kong	2007.03	75,000
6	2403	Singapore Strait and Eastern Approaches	1999.12	20,000
7	2530	San Diego Bay to Cape Mendocino	1981.10	1,200,000
8	2655	English Channel Western Entrance	2003.03	325,000
9	2717	Strait of Gibraltar to Barcelona and Alger including Islas Baleares	1995.05	1,100,000
10	3482	Singapore Strait to Song Sai Gon	1997.02	500,000
11	3488	Song Sai Gon to Hong Kong	1997.10	1,500,000
12	3831	Singapore Strait Eastern Part	1999.09	75,000
13	3833	Singapore Strait Western Part	1998.09	75,000
14	4050	North Pacific Ocean Northeastern Part	1992.09	10,000,000
15	4053	North Pacific Ocean Northwestern Part	1992.10	10,000,000

工作流程

1. 根据《航海通告》利用“应改海图索引”找出哪些海图需要改正，根据通告号利用“通告号索引”找到改正信息的详细内容。如遇见不确定的海图图式应该参考英版图书 5011（英版海图常用符号和缩写）。

2. 根据“找登对改登”的顺序进行海图改正。

注意事项

改正海图时要使用专用的红色改图笔进行改正，务求准确无误，字体清晰端正，所画的海图图式不要太大也不要太小，尽量与所改海图中其他类似的图式大小相等。在进行海图改正时，为了保证所使用的改正方法及海图图式符合英版海图的习惯和格式，学生可参考 NP294(How to Keep Your Admiralty Products Up-to-Date)和 Chart 5011(Symbols and Abbreviations used on Admiralty Charts)中的相关内容，它们对进行标准的海图改正作业大有帮助。

总结

1. 改正海图的原则：先改急用的海图，后改缓用的及暂时不用的；先改大比例尺海图，后改小比例尺海图，改正必须具有连续性。

2. 海图改正的基本要求：位置要准确，海图符号要清楚，图例和描述要合法。

船员适任评估题卡

请根据 2009 年第 1～4 期英版《航海通告》完成以下船存海图的改正。

附：本船图号表

图号	出版日期	新版日期
7	1984－07	1999－08
94	1996－01	1996－01
122	2000－08	2008－07
其他略(不改正)	—	—

习题

1. 简述英版《海图和出版物总目录》的改正信息和改正方法。
2. 简述周版《航路指南》《灯标雾号表》《无线电信号表》的改正信息和改正方法。
3. 简述其他英版图书资料的改正信息和改正方法。
4. 简述管理英版海图的方法。

项目二　设计航线

作业流程

1. 备妥、改正本航线所需的航海图书资料。

2. 认真研究有关的航海图书资料，充分了解航区的详细情况。

3. 在掌握航海资料的基础上，根据自己的航行经验或参考他人的航行经验，选定一条安全经济的航线。

4. 标绘航线、填写航线设计表。

案例引导

北京时间 2013 年 6 月 17 日下午 1 时左右，商船三井(MOL)公司的“MOL Comfort”号集装箱船(2008 年造)在也门外海 200 千米处发生事故，船舶从中间断成两截，随即沉没(见图 2-0-1)。孟买的印度海岸警卫队参与营救，最终 26 名船员全部获救，包括 11 名俄罗斯人、1 名乌克兰人和 14 名菲律宾人。此事件是迄今为止较大的一起集装箱船海难事故。

图 2-0-1　“MOL Comfort”轮在印度洋发生海难

案例分析

夏季的北印度洋是世界上著名的狂风恶浪区，西南风可达 7～8 级，浪高可达 5～7 米。船舶发生事故的原因一方面是当时的天气恶劣，另一方面就是船舶配货积载等存在问题，但是最重要的原因还是船舶在进行航线设计时没有充分考虑到天气海况从而导致海难事故的发生。那么船舶在进行航线设计时应该注意哪些问题？画航线时应该充分考虑哪些因素才能保证船舶安全地到达目的站？这就是本项目要解决的问题。

任务一　查阅航海图书资料

知识目标

1. 掌握英版《世界大洋航路》的查阅方法。
2. 掌握英版《航路设计图》的查阅方法。
3. 掌握英版《航路指南》的查阅方法。
4. 掌握英版《灯标雾号表》的查阅方法。
5. 掌握英版《无线电信号表》的查阅方法。

能力目标

1. 通过学习能够使用英版《世界大洋航路》。
2. 通过学习能够使用英版《航路设计图》。
3. 通过学习能够使用英版《航路指南》。
4. 通过学习能够使用英版《灯标雾号表》。
5. 通过学习能够使用英版《无线电信号表》。

任务描述

本任务主要通过英版《世界大洋航路》和《航路设计图》等图书资料的学习让学习者掌握该图书资料的使用方法，能够正确查找所需的航海信息。

知识准备

一、查阅英版《世界大洋航路》

(一)英版《世界大洋航路》概述

《世界大洋航路》(Ocean Passages for the World，OPW)一书由英国水道测量局出版，主要应用于设计大洋航线。该书介绍了世界上主要港口间的常用航线以及影响航线的有关气候资料，是一本设计远洋航线的重要参考书。

该书的书号为 NP136,1895 年第一次出版,目前的最新版是 2004 年的第 5 版(Fifth Edition)。英版季末一期周版《航海通告》《航海通告累积表》和当年的英版《海图和出版物总目录》中刊有本书的现行版本信息。

本书出版周期较长,出版后的资料变更通过不定期补篇(Supplement)和周版《航海通告》的 Section Ⅳ进行改正。

因此,在使用《世界大洋航路》时,必须同时参阅最新版补篇、周版《航海通告》的 Section Ⅳ,以得到本书的最新改正资料。

(二)英版《世界大洋航路》的主要内容

该书分两大部分,共 10 章。

第一部分共有 7 章。其中第 1 章是航线设计(Route Planning),第 2~7 章分洋区介绍机动船航线。

第二部分共有 3 章。分洋区介绍帆船航线(Sailing Passages)。

1. 第一部分的主要内容

(1)本书的编写目的及主要内容:本书用于设计大洋航线(Deep-sea Voyages)。书中刊有涉及航线的气象要点及其他因素、部分所选的常用航线的航法(Directions)及其里程。本书最后提醒使用者,使用本书时应与"Charts and Publications"一节中所列之图书相结合。

(2)本书推荐航线适用的船舶(Routes):本书将机动船看作是中等吃水(Moderate Draught,12 m)的且属于下列两类的船舶。

①高速船,或能保持 15 kn 或 15 kn 以上海上速度的船舶。

②低速船,或由于拖带或受损而达不到高速的船舶。

该书第 2~7 章介绍的是机动船的推荐航线,主要适用于吃水不大于 12 m 的船舶。

对于高速船,大部分情况下可以选用两港间的最短航程航线。但在有些区域,若选择该书的推荐航线将可能会减少损耗,大量节约时间和燃料。

对于低速船或者拖带或受损的船舶,船长应该关注第 8~10 章中相关的帆船航路介绍,其中有比机动船航路更详细的有关气象、潮流、海流等方面的资料。

在航法部分,该书介绍的航法考虑了所有能够得到的海上经验,可以作为设计航线的指南,但使用时必须考虑当时的实际情况。

(3)"ADMIRALTY CHARTS AND PUBLICATIONS"一节列出了航海上常用的,也是阅读《世界大洋航路》所应参阅的主要海图和出版物。海图有:Routeing Charts, Ocean Charts,Gnomic Ocean Charts 等;所列的出版物包括:Admiralty Sailing Directions(其各卷的区域图印在封里),Admiralty List of Lights 及各卷界限图,Admiralty Tide Tables 及各卷界限图,Admiralty List of Radio Signals 及 NP286 的各册界限图,Admiralty Maritime Communications 及各卷界限图,Automatic Identification Systems(AIS), Admiralty Distance Tables, Admiralty Notices to Mariners, Annual Summary of Admiralty Notices to Mariners, The Mariner's Handbook, Chart 5011, Catalogue of Admiralty Charts and Publications-digital Products,如 ARCS 等。

(4)Passage Planning 主要介绍了选择一条最佳航线所要考虑的因素及气象定线的

必要性。要选择一条最佳航线，必须要考虑若干因素，其中主要是航线上可能要遇到的海况、风、流等因素以及船舶对此的应变能力与方法。另外，如可能发生的船货损坏、燃料消耗和航行时间等因素也要考虑。有些货物如甲板货、牲口等对气象因素更敏感，因而可能会影响到航线或航速的选择。

设计航线不仅要考虑通常情况，更要考虑航线上可能会遇到的实际气象情况。

借助于最新的天气预报、天气图与冰况图等，对《世界大洋航路》的原始推荐航线进行修正，从而最佳程度地利用实际天气模型及其变化。这将最大程度地节约燃料，减少恶劣天气对船货的损坏。

如果船上装备有气象传真机，船舶能接收到合适的中长期天气预报及气象报告，则应利用这些资料进行气象定线，尤其是对于定线航班的船舶，更应如此。

第2～7章分洋区介绍机动船的推荐航线及航线示意图，各章的开头部分介绍了本洋区的风和天气(Winds and Weather)、涌浪(Swell)、洋流(Currents)、冰(Ice)以及航行须知与警告(Notes and Cautions)等。在选择或设计航线时，必须阅读这部分内容。

2.该书的一些图表

(1)各卷英版《航路指南》界限图(印在封里)(Limits of Volumes of Admiralty Sailing Directions)。

(2)世界气候图(World Climatic Chart)2张。其中一张适用于冬季(January)，另一张适用于夏季(July)。该图展示了气压、风、海面温度、雾、洋流及冰的总体分布及所附的说明，供设计航线时作总体参考。

(3)波高图(Wave Heights)4张。它们分别适用于冬季(January)、春季(April)、夏季(July)及秋季(October)。图上的实线是波高6 m的等百分率曲线，虚线是波高3.5 m的等百分率曲线。

(4)世界时区图(Standard Time Zone Chart of The World)。

(5)载重线区域图(Load Line Zones)。

(三)英版《世界大洋航路》的使用方法

1.书末索引结构

本书有两个索引，一为Index of General Subjects(INDEX)；另一为Index of Routes(ROUTES INDEX)，如图2-1-1所示。

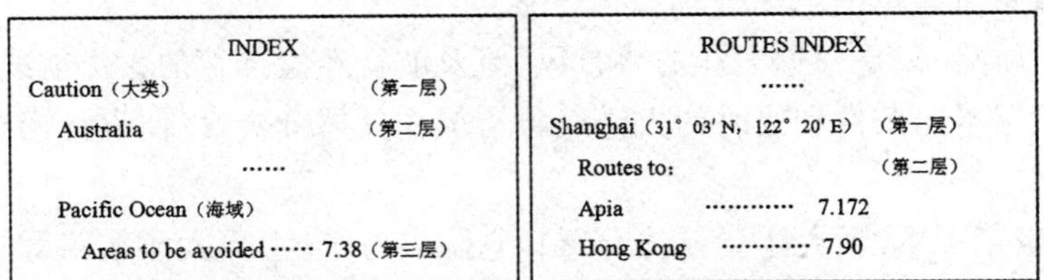
INDEX

Caution (大类) (第一层)
Australia (第二层)
……
Pacific Ocean (海域)
Areas to be avoided …… 7.38 (第三层)

ROUTES INDEX

……
Shanghai (31° 03′ N, 122° 20′ E) (第一层)
Routes to: (第二层)
Apia ………… 7.172
Hong Kong ………… 7.90

图2-1-1 《世界大洋航路》索引

INDEX以三个层次排列，大类项目为第一层在最左侧，大类项目有：Archipelagic Sea Lanes; Cautions; Charts; Magnetic Anomolies; Natural Conditions; Fog and Visibility; Ice; Swell; Winds and Weather……第二层缩进两个字符，是海域或地区。第三层再缩

进两个字符，是该区域的大类下的具体细目及其所在的章节号。

ROUTES INDEX 以两个层次排列，第一层为推荐航线的出发港，排在最左侧，按出发港名的英文字母顺序排列；第二层为航线的到达港，缩进两个字符，印在对应的出发港的"Routes to："下方，按到达港名的英文字母顺序排列，并给出对应的章节号。

2. 查阅一般项目(General Subjects)的资料

当查阅第 1 章的内容或查阅某一洋区的水文气象、航行注意事项等一般项目的资料时，利用目录较为方便，但也可利用索引。

例 1：查阅北太平洋的避航区域(Areas to be Avoided)

解法一：利用目录。北太平洋在第 7 章，"Areas to be Avoided"属于"Navigational Notes"或"Cautions"大类，查目录"Chapter 7"的"Navigational Notes"(7.35)，从第 7 章第 35 节(7.35)往后查，"Areas to be Avoided"在 7.38 节。

解法二：查项目索引 INDEX。在目录中可查得 INDEX 的页码，在 INDEX 中查第一层大类"Caution"→查第二层区域"Pacific Ocean"→查第三层具体细目"Areas to be Avoided"，得其章节号为 7.38。

3. 查阅航线资料

利用 ROUTES INDEX 是查阅航线资料的主要方法。一般步骤如下：

(1)根据出发港和到达港，先在航路设计图上了解推荐航线的大概走向，以及途经哪些重要地方和海区。

(2)阅读本书第 1 章和航路涉及的各章中的水文气象资料并参阅"世界气候图"等，以了解航行季节航区内的水文气象条件及有关航海注意和警告。

(3)根据出发港和到达港名称，在索引的第一层按出发港名称字母查得出发港后，在其下的"Routes to："下方查到达港名称及对应的章节号。

(4)根据章节号阅读航线资料。当阅读中遇到有括号内的章节号，如"(×.×××)"，则须阅读该章节，不应遗漏。同时，必须阅读对应章的开头部分的有关内容。

注意，若索引中无法找到航线资料，可查找该到达港附近港口的航线。

例 2：查找上海(Shanghai)到香港(Hong Kong)的航线资料

解：从 ROUTES INDEX 中第一层的字母顺序查得 Shanghai 港，查其下"Routes to："下方的 Hong Kong，得航线的章节号为 7.90。阅读第 7 章第 90 节，该航线为双向航线，阅读中应参阅航线草图 7.85 和 7.90。

《世界大洋航路》只是根据大洋的盛行风、流及航行经验推荐的大洋航线，它属于气候航线，船舶应根据本船条件和当时的大洋气象情况作具体分析，以便设计出一条安全经济的航线。

我国也出版了一本《世界主要航线介绍》，它除参考了《世界大洋航路》的资料外，还结合了我国船员的实际经验，可以作为设计远洋航线的参考。

二、查阅英版《航路设计图》

(一)英版《航路设计图》概述

《航路设计图》(Routeing Charts)介绍了世界上主要港口之间的推荐航线以及与航线

设计有关的水文气象资料，是设计大洋航线的重要参考资料，图上绘有推荐航线、风花、洋流、冰区界限等资料，可与《世界大洋航路》结合使用。《航路设计图》分五大洋区，每个洋区按月出版 12 张图，共计 60 张。北大西洋的图号按月分别为 5124(1)～5124(12)，南大西洋为 5125(1)～5125(12)，印度洋为 5126(1)～5126(12)，北大平洋为 5127(1)～5127(12)，南太平洋为 5128(1)～5128(12)。航路设计图的区域界限可查阅《世界大洋航路》和《海图和出版物总目录》

(二)英版《航路设计图》的主图内容

1. 航线

航路设计图是墨卡托投影图。图上绘有主要港口间的推荐航线，绿色直线是恒向线航线，曲线是大圆弧航线，并用箭头标示航线的适用方向，如"→"为单向航线，"←→"为双向航线。航线上标有起、讫港港名及其间的里程，或大圆弧航线的起、终点间的里程。

2. 风花

航路设计图上用红色风花(Wind Roses)(见图 2-1-2)表示当地盛行风的资料。统计资料来源于每隔 5°×5°区域的船舶观测数据，若某区域内的观测次数小于 100，则不显示数据。箭杆的形状或粗细表示该箭矢所示风向上的蒲氏风级，其长度表示该方向上的对应风级出现的百分率，以 2 英寸长(约 5 cm)表示 100%。使用中，可将其长度与海图标题栏中的风百分率比例尺比对。由此可见，最长箭杆的方向表示该区域该月最盛行的风向；最粗的箭杆及其长度表示该区域该月可能遭遇的最强风力及其百分率。

风花图的圆内一般有三行数字，上行的数字为该月内该处资料的观测总次数，此数字越大，表示观测次数越多，所示资料越可靠；中间行的数字是观测中不定风(Variable Winds)出现的百分率；下行数字是观测中无风(Calms)出现的百分率。

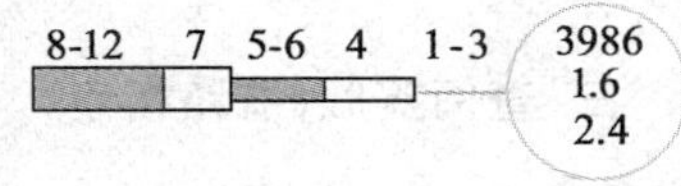

图 2-1-2 风花图

3. 洋流

用蓝色箭矢表示该月当地的表层洋流。箭头指向表示主要流向(Prevailing Current)。箭矢形状表示该流向的稳定性，如粗实线"⟶"表示稳定性较高(其持续百分率一般大于 75%)；段划线"－→"的稳定性次之(50%～75%)；虚线"---→"的稳定性较低(小于 50%)；点线"……→"仅表示可能的流向，且流速一般较弱。箭矢尾端的数字表示该方向流的平均流速，"＞"或"＜"表示平均流速略大于或略小于所标值。

4. 冰区界限

在高纬度区域用浅蓝色图形"⌐⌐⌐"表示冰群(Pack Ice)等的界限。

5. 国际载重线区域界限

依据 1968 年《国际载重线公约》，图上用不同颜色标明各载重线适航的区域界限。若同一区域用两种载重线相间标注的，表明该区域该月在某日前后使用不同的载重线。例如，北太平洋 4 月图上，北部区域在 4 月 15 日前使用 Winter Zone，4 月 16 日起使用 Summer Zone。有关详情可参考英版海图 D6083 或《世界大洋航路》中的载重线区域图。

6. 大洋天气船

图中用符号"+"和天气船的名称标明大洋天气船的位置。大洋天气船的详细资料可参考英版《无线电信号表》和《航海通告年度摘要》。

(三)英版《航路设计图》的附图内容

每张航路设计图空白处均印有4张附图,内容如下:

1. 平均气温气压图(Mean Air Temperature (°F),Mean Air Pressure in Millibars)

图上用绿色曲线表示当月等温线,红色曲线表示当月等压线,航线设计时应关注等温线、等压线梯度较大的海域。

2. 雾与低能见度图(Fog and Low Visibility)

图上用红线表示出现能见度低于0.5 n mile的等百分率曲线,用绿线表示出现能见度低于5 n mile的等百分率曲线。可用以了解航区出现雾的可能性。对百分率较高的海域在选线或采取措施时应给予关注。

3. 露点温度和海水温度图(Dew Point Temperature (°F),Mean Sea Temperature (°F))

图中以红线和绿线分别标出露点温度和海水表层温度的等温线,可用以了解航区生成雾的可能性,如二者温度值较接近的海区在适合的条件下易形成雾。

4. 7级以上大风和热带气旋路径图(Winds of Beaufort Force 7 and Higher,Hurricanes)

图上用红线绘出当月在多年实况下选出的若干热带气旋路径,绿线是当月出现蒲氏7级和7级以上大风的等百分率曲线。在选择航线或采取措施时对其经过的海区应给予高度关注。

三、查阅英版《航路指南》

(一)英版《航路指南》概述

《航路指南》是重要的航海参考资料,它补充了海图资料的不足,提供了在海图上没有但与航行安全密切相关的资料,可作为拟定近海航线、研究沿岸和狭水道航行的重要参考资料。

英版《航路指南》(Pilots or Sailing Directions)由英国水道测量局出版,书号为NP1～NP72,共70余卷,主要供长度在12 m及以上的船舶使用。它详细记载了海图上载有的细节及在海图或其他航海出版物上所没有的但对安全航行所必需的航海资料。它大约每隔10余年出版一次。自1993年后,某些新出版的英版《航路指南》每隔2～3年新出版一次,关于每卷改版的大致时间间隔在各卷的"注释"(Explanatory Notes)中有说明。有关各卷的分区界限可查阅英版《海图和出版物总目录》第四部分中"《航路指南》及其分区界限索引图"。

(二)英版《航路指南》的主要内容

1. 卷首说明

卷首说明包括:前言(Preface)、目录(Contents)、注释(Explanatory)、缩写(Abbreviations)、索引图(Index Chartlet)。在注释中说明了该书的出版和改正情况和对一些重要问题的说明。在该索引图中标注了不同海域航行信息在本卷指南中的章节和该海域的海图图号及涵盖范围。

2. 正文内容

每卷第 1 章是总体介绍，共有以下三个部分：

A 部分——航行与规则(Navigation and Regulation)：包括本卷范围、航海危险物、交通与作业、海图、助航标志、引航业务、无线电设施、规则、信号、遇险与救助等。

B 部分——地区与港口(Geographic and Port Information)：包括一般情况、宗教信仰、居民、语言、历史、政府等。

C 部分——自然条件(Nature Condition)：洋流、海浪与涌浪、海水特征、气候与气象、冰情、气象表、气象换算表和风级。

第 2 章及以后各章，分区顺岸分别介绍有关航海资料。在每章所述的每个地名的首行还注明所述地区所引用及可以参阅的航用海图的图号，以便于读者在阅读时迅速找出有关海图予以对照，以更好地对文章的内容加以了解。

各章航海资料的主要内容是对该章所包含的地区的航行条件及有关情况予以说明，包括该区域内的地理情况、灯标、立标和浮标、锚地、潮流、航法、码头、港章及有关的引航和供应情况等。

3. 附录、对景图及索引

(1)能够进行水下修理的港口及最大干船坞、浮船坞及滑道一览表。

(2)重要港口和锚地一览表，并给出水深细节。

(3)据报雷达视距图。

(4)对景图。包括某些重要物标在各个方向上的对景图及雷达回波特征图。

(5)地理索引。以字母顺序排列，查阅时以地区的字母顺序查该索引，得该地区的内容所在的页数即可阅读。

(三)英版《航路指南》的使用及注意事项

1. 查阅方法

(1)根据英版《海图和出版物总目录》第四部分中的有关索引，抽选必要的英版《航路指南》。

(2)仔细地阅读所需英版《航路指南》的前言及注释部分，以便了解本卷《航路指南》的使用注意事项。

(3)仔细阅读该卷《航路指南》的第 1 章，掌握本卷《航路指南》所述地区的总的情况。

(4)需阅读有关地区的航海资料时，根据该地区的字母名称查书末的地理索引，即可知道有关资料所在的页数。

例：请用英版《航路指南》查阅有关香港港的资料。

(1)先用 Catalogue 第四部分来抽选《航路指南》的书号。

(2)再由该书书末索引来查香港资料的所在页码。

(3)最后翻到相应的页数。

2. 使用注意事项

(1)使用《航路指南》时应参阅有关的航海出版物，如《航海员手册》《世界大洋航路》

《灯标雾号表》《无线电信号表》《航海通告年度摘要》《国际信号规则》《潮汐表》等。

(2)使用《航路指南》的解释说明(Explanatory Notes)

如列举本书常用的计量单位,解释本书中的专业术语等。

如对术语“浮标”的解释是:《航路指南》中只对特别重要的浮标或因海图比例尺太小而不能显示其细节的浮标进行详细叙述;对术语“方位”的解释是:本书中用于确定位置时,给出从参考物标出发的方位;而物标方位、叠标和光弧方位则给出从船上看物标的方位。

四、查阅英版《灯标雾号表》

(一)英版《灯标雾号表》概述

英版《灯标雾号表》由英国水道测量局出版,该书现版共有 12 卷,分别为 A、B、C、D、E、F、G、H、J、K、L、M 卷,它详细记载了全世界各种灯塔、灯桩及灯高在 8 m 或以上的灯标及雾号资料。有关各卷的分区界限可查阅英版《海图和出版物总目录》第四部分中的“《灯标雾号表》及其分区界限索引图”或各卷《灯标雾号表》的封底。

各卷《灯标雾号表》的再版时间间隔不定,大约为 1 年,具体时间需查阅各卷前面的注释部分。有关各卷的出版消息需查阅英版《航海通告》的第Ⅰ部分或季末一期《航海通告》中的“现行航海图书一览表”。新版出版后旧版作废。各卷《灯标雾号表》依照英版《航海通告》的第Ⅴ部分进行修正。

1. 概况

该部分对英版《灯标雾号表》的出版情况如卷数、出版时间间隔及改正要求等作了说明。

2. 国际编号

主要介绍灯标国际编号的统一性。

3.《灯标雾号表》所包含资料的解释

第一栏:灯标编号(Number)。

第二栏:灯标的名称位置。地名为大写,灯标射程等于或大于 15 n mile 者,其内容用黑体字印刷;射程小于 15 n mile 者,其内容用正体字印刷,灯船用大写斜体字印刷。

第三栏:经纬度(Latitude & Longitude)。

第四栏:灯质与灯光强度。

第五栏:灯高。

第六栏:以 n mile 为单位的射程。射程等于或大于 15 n mile 者,其内容用黑体字印刷;射程小于 15 n mile 者,其内容用正体字印刷。

第七栏:灯标结构及塔(标)高。

第八栏:备注(Remarks)。注明灯光亮、灭的时间分配、光弧、可见光弧、较小灯标(烛光较小的自动无人看守灯标,Minor Lights)。

4. 对灯标的解释

包括对海空两用灯标(Aeromarine Light)、航空灯标(Aero Light)、对空障碍物灯标

(Obstruction Light)、白昼灯标(Daytime Light)、灯船(Light Vessel)等进行了说明。

5. 对灯标的定义

包括对定光灯(Fixed Light)、闪光节奏(Rhythm)、灯光强度(Intensity)、灯高(Elevation)、射程(Range)、弧光灯(Sector Light)、余晖(Looms)、导引灯(Leading Light)等进行了说明。

6. 对雾号(Fog Signal)的说明

7. 灯质的说明及图示(Light Characters)

8. 外语词汇表(Glossary of Foreign Terms)

(二)英版《灯标雾号表》的查阅方法

1. 根据航标的地理位置,查英版《海图和出版物总目录》第四部分中的"《灯标雾号表》及其分区界限索引图"或各卷《灯标雾号表》的封底"分卷界限图",可知航行区域《灯标雾号表》的卷别。

2. 抽选该卷,根据所要了解的灯标的名称字母按字母顺序查灯标索引,得该灯标的编号。

3. 根据该灯标的编号,查正文部分,翻至该页,可查得灯标的细节。

4. 如需要,可查取灯标的光力射程和地理能见距离及最大可见距离。

5. 在阅读《灯标雾号表》前若需了解有关概念,可查阅卷首部分对灯标、雾号的定义和解释。

五、查阅英版《无线电信号表》

(一)英版《无线电信号表》概述

英版《无线电信号表》(Admiralty List of Radio Signals, ALRS)共六卷十二册(2008/2009 年版),每年的卷数及册数都发生变化。英版《无线电信号表》每年出版一次,新版出版后旧版作废。有关英版《无线电信号表》的出版消息可查阅英版《航海通告》的第Ⅰ部分或各季末期《航海通告》中的"新版航海图书一览表" 或《航海通告累积表》中的"现行版航海图书一览表"(Current Hydrographic Publications)。新书出版后,根据英版《航海通告》的第Ⅵ部分进行改正。每卷《无线电信号表》的改正起始时间应查阅封一的"本卷改正指南"(Direction for Updating this Volume)。例如,《无线电信号表》第一卷(2001/2002 年版)第一册的"本卷改正指南"中就注明"本卷《无线电信号表》包含的资料收自英版《航海通告》2001 年 5 月 17 日的第 20 期,后续改正可查阅英版《航海通告》的第Ⅵ部分,英版《航海通告》的复印件可免费从指定的英版海图代销商处获得,也可从英国商船海事中心或海关处获得。改正资料每季度在英版《航海通告》的第Ⅵ部分累积出版一次。改正完成后应在登记表(Record of Amendments)中进行登记。"

(二)英版《无线电信号表》的主要内容

英版《无线电信号表》(2008/2009 年版)各卷的主要内容如下:

第一卷(Volume 1):海岸无线电台[Coast Radio Stations, NP281(Parts 1&2)]。主要包括:海事公共通信电台一览表、标有 DSC MMSI 模式的电台一览表、包括船舶自动互助救助系统(AMVER)在内的船舶报告制度、INMARSAT 海事卫星使用说明、海盗与武装抢劫的船舶报告程序、外国走私报告、领海内使用无线电的规则及国际无线电规则摘要等内容。

该卷由两册组成。第一册覆盖欧洲、非洲和亚洲(不含菲律宾群岛、印度尼西亚)。第二册覆盖菲律宾群岛、印度尼西亚、澳大利亚、美洲大陆、格陵兰和冰岛。

第二卷(Volume 2):无线电助航标志,电子定位系统和无线电时号(Radio Navigational Aids,Electronic Position Fixing Systems and Radio Time Signals,NP282)。主要包括雷达及无线电信标、最新的电子定位系统细节、国际无线电时号细节、国际标准时及夏时制细节,另有 40 幅以上的插图。

第三卷(Volume 3):航海安全信息服务[Maritime Safety Information Services, NP283(Parts 1 & 2)]。主要包括航海无线电天气服务、航海安全信息广播服务、万维网全球天气服务的网站情况及世界 NAVTEX 及传真电台一览表等。

该卷由两册组成。第一册覆盖欧洲、非洲和亚洲(不含菲律宾群岛和印度尼西亚);第二册覆盖菲律宾群岛、印度尼西亚、澳大利亚、美洲大陆、格陵兰和冰岛。

第四卷(Volume 4):气象观测站(Meteorological Observation Stations,NP284)。主要包括全球气象观测站的有关信息。

第五卷(Volume 5):全球海上遇险与安全系统(Global Maritime Distress and Safety System,GMDSS,NP285)。主要包括在各种遇险及救助要领方面的信息和所有能帮助船舶使用或加入 GMDSS 系统的服务细节。本卷还包括许多解释性插图和相关的国际无线电规则的特别摘要。

第六卷(Volume 6):引航服务、船舶交通服务和港口作业[Pilot Services, Vessel Traffic and Port Operations,NP286(Parts 1,2,3,4&5)]。主要包括协助船舶进(出)港、进出狭水道和(或)申请引航必需的所有引航信息、全球交通管理服务信息、以插图形式注明的船舶报告点、引航员登船点及港口示意图。这些内容对从初始的 ETA 信文至靠泊指示,从深海引航的申请至泊位的预定都作了相应的安排。书中还用大量插图对正文作了补充。

该卷目前由五册组成。第一册[NP286(1)]覆盖英国、爱尔兰和英吉利海峡;第二册[NP286(2)]覆盖除英国、爱尔兰、英吉利海峡及地中海以外的欧洲地区;第三册[NP286(3)]覆盖地中海及非洲地区(包括波斯湾);第四册[NP286(4)]覆盖亚洲及西太平洋地区(包括澳大利亚);第五册[NP286(5)]覆盖美洲及南极洲地区。

(三)英版《无线电信号表》第二卷的查阅

在以上各卷中,驾驶人员常用的是第二、六卷,因此本节只介绍第二和第六卷。

英版《无线电信号表》第二卷(NP282)中的公共通信电台包括:无线电助航标志(包括沿岸地区的航空无线电信标)、提供 QTG 服务的海岸无线电台、雷达航标(雷达应答器和雷达信标)、无线电时号、法定时及电子定位系统(包括卫星导航系统和差分 GPS 台站)和部分插图。

1. 无线电信标和无线电测向站(Radio Beacons and Radio Direction-Finding Sta-

tions)的查阅

(1)翻到该书后面的索引部分,找到无线电信标索引(Index of Radio Direction-finding Stations)。

(2)根据测向站台的名称可查取信标的编号。

(3)根据编号查出该台站细节所在的页数,翻到该页进行阅读。

(4)正文内容介绍如下:

①定义及一般说明(Definitions and General Information):在该部分中给出了如海空两用无线电信标(Aeromarine Radio Beacon)、航空无线电信标(Aero RC)等的说明及定义。

②解释(Introduction):对无线电信标资料中的各项予以说明。

例如:

PAKISTAN

Karāchi (ASK) RG				**2147**
Calibrated Sector 360°		Rx: 24° 52′ .73N		67° 09′ .83E
		Tx: 24° 51′ .08N		67° 02′ .53E
A:410 500	A1A			
B:410 500	A1A			
C:410 500	A1A A2A	1.5kW		

上例中,“**PAKISTAN**”:表示台站所在的国家或地区。

“**2147**”:表示台站的参考编号。

“**Karachi(ASK)** ”:表示无线电台站的名称。

“RG”:表示信标的种类,RG 表示提供无线电定位业务的岸基无线电测向台。

“Rx: 24°52′.73N 67°09′.83E

Tx: 24°51′.08N 67°02′.53E”:当信标的发射站和接收站的位置相差较大时,需分别标注。

“A2A”:表示无线电信标的信号发射方式,此在“缩写、名词及定义”(Abbreviations, Terms and Definitions)中有解释。

A:表示无线电台站值守的频率。

B:表示无线电台站发射信号的频率。

C:表示无线电台站接收信号的频率。

2.雷达信标(雷达应答器和雷达信标)的查阅

(1)翻到该书后面索引部分,找到雷达信标索引(Index of Radar Beacons)。该索引共有两栏,第一栏为雷达信标的名称,其按雷达信标的字母顺序编制,第二栏为雷达信标的编号,如图 2-1-3 所示。

INDEX OF RADAR BEACONS

Name	No.
Changjiang Kou Lt V...	81820
Qingdao Gang, Lt Float...	82010
Qinhuangdao Gang Lt Bn...	82160
Yingkou Gang Lt F...	82190
......	

图 2-1-3　雷达信标索引

(2)根据雷达信标的名称,查雷达信标索引可得其编号,

(3)再根据编号查“雷达信标”(Radar Beacons)部分即可知道其细节。

(4)正文内容介绍如下:

UNITED KINGDOM

Ardivachar Pt Racon　57° 22′.90N　7° 25′.45W　**50760**
120S　360°　16n mile　**T**

FINLAND

Suomenlinna Church Lt Racon[1]　60° 08′.87N　24° 59′.37E　**58860**
(3&10 cm)　360°　15-18n mile　**M** (1-0 n mile)
(1) In line 007° with Harmaja Lt Racon

上面二例中的“UNITED KINGDOM”和“FINLAND”表示标志所在的国家或地区。“50760”和“58860”表示台站的参考编号。“Ardivachar Pt”和“Suomenlinna Church Lt”表示台站的名称。“Racon”表示该航标的类型。“上标 1”表示另有其他信息。“57°22′.90N 7°25′.45W”和“60°08′.87N 24°59′.37E”表示该航标在最大比例尺海图上的位置。“120S” 和“3&10 cm”:对于慢速扫描雷达航标(Slow-sweep Radar Beacon),它是扫过航海雷达工作频段的时间;对于快速扫描雷达,则无扫描周期,绝大部分给出的是“(3&10 cm)”字样,表示该雷达应答器同时在 3 cm 和 10 cm 两个波段工作。“360°”是指可以收到信号的弧度范围,其为从海上视航标的真方位,从 000°～360°顺时针度量,若该航标在所有方向上可测,则应为 360°。“16 n mile”和“15-18 n mile”是指雷达航标的工作射程。“T”和“M”是指该航标在雷达显示器上的识别码为莫尔斯“T”和“M”。“1-0 n mile”表示莫尔斯码在雷达荧光屏上所显示的长度。

3. 无线电时号播发台的查阅

(1)翻到该书后面索引部分,找到无线电时号播发台的索引。该索引可分为以下三类:

①无线电时号播发台地理索引。在地理区域索引中按国家名称的字母顺序,给出发射无线电时号的各国编号,如图 2-1-4 所示。

INDEX OF GEOGRAPHICAL SECTIONS FOR RADIO TIME SIGNALS

Section	Page
Argentina	217
Belarus	218
Brazil	218
Canada	218
Chile	219
China	219
Ecuador	220
France	220
Germany	220
Hawaii (USA)	221
India	223
Indonesia	223
Italy	223
Japan	224
Korea,South	225
Kyrgyzstan	225
Mexico	225
Peru	226
Philippines	226
Russia	227
Russia (Arctic Coast)	229
Russia (Pacific Coast)	230
Spain	230
Sri Lanka	230
Switzerland	231
Taiwan	231
United Kingdom	232
United States	238
Uzbekistan	240
Venezuela	240

图 2-1-4　无线电时号播发台地理索引

②无线电时号发射台呼号索引。该索引共分为电台呼号、电台名称和电台编号三栏，如图 2-1-5 所示。

INDEX OF CALL SIGNS OF STATIONS TRANSMITTING TIME SIGNALS

Call Sign	Station Name	Page
ATA	New Delhi	223
BPM	Xián	219
BSF	Chung-Li	231
CBV	Valparaiso, Playa Ancha Radio	219
CHU	Ottawa	218
DCF77	Mainflingen	220
DUW21	Manila	226
EBC	Cádiz	230
HBG	Prangins	231
HD210A	Guayaquil	220
HLA	Taedok	225
IAM	Roma	223
JG2AS	Nazaki	224
JJY	Otakadoya-Yama	224
LOL	Buenos Aires	217
LQB	Buenos Aires (Pacheco)	217
LQC	Buenos Aires (Pachecp)	217
MSF	Rugby	232
PKX	Jakarta	223
PLC	Jakarta	223
PPEI	Rio de Janeiro (Observatorio Nacional)	218
RBU	Moskva	227
RID	Irkutsk	228
RJH66	Biskek	225
RJH69	Molodechno	218
RJH77	Arkhangelsk	229
RJH99	Nizhni Novgorod (Gorjkiy)	228
RTA	Novosibirsk	228
RTZ	Irkutsk	228
RWM	Moskva	227
TDF	France Inter (Allcuis)	220
ULW4	Tashkent	240
UQC3	Khabarovsk	230
WWV	Fort Collins, Colorado	238
WWVH	Kekaha (Kauai)	221
XBA	Tacubaya	225
XDD	Chapultepec	226
XDP	Chapultepec	226
XSG	Shanghai	219
YVTO	Caracas	240
4PB	Colombo	230

图 2-1-5　无线电时号发射台呼号索引

③无线电时号发射台索引。该索引主要供船舶对时用。该索引共有两栏，一栏为电台名称，其按电台名称的字母顺序编排；另一栏为电台的编号。船舶在测定天文钟钟差时利用该索引可查出发射无线电时号电台的工作细节，如图 2-1-6 所示。

INDEX OF STATIONS
TRANSMITTING TIME SIGNALS

Station Name	Page	Station Name	Page
Arkhangelsk	229	Mainflingen	220
		Manila	226
Biskek	225	Molodechno	218
British Broadcasting Corporation—Radio 1	236	Moskva (RWM)	227
British Broadcasting Corporation—Radio 2	236	Moskva (RBU)	227
British Broadcasting Corporation—Radio 3	236		
British Broadcasting Corporation—Radio 4	237	Nazaki (JG2AS)	224
British Broadcasting Corporation—World Service	237	New Delhi	223
Buenos Aires (LOL)	217	Nizhni Novgorod (Gorjkiy)	228
Buenos Aires (Pacheco) (LQB) (LQC)	217	Novosibirsk	228
		Otakadoya Yama (JJY)	224
Cadiz	230	Ottawa	218
Caracas	240		
Chapultepec	226	Peru	226
Chung-Li	231	Prangins	231
Colombo	230		
		Rio de Janeiro (Observatorio Nacional)	218
Fort Collins, Colorado	238	Roma	223
France Inter (Allouis)	220	Rugby	232
Guayaquil	220	Shanghai	219
Irkutsk (RID)	228	Tacubaya	225
Irkutsk (RTZ)	229	Taedok	225
		Tashkent	240
Jakarta	223		
		Valparaiso. Playa Ancha Radio	219
Kekaha (Kauai)	221		
Khabarovsk	230	Xián	219

图 2-1-6 无线电时号发射台索引

(2)在该索引中根据无线电时号播发台的名字、呼号或所在国家查出信标所在区域的页数，再在该页中查取信标的编号。

(3)根据编号查出该台站细节所在的页数，翻到该页进行阅读。

4. 法定时(Legal Time)和标准时(Standard Time)的查阅

(1)查找方法：直接翻到《无线电信号表》第二卷的目录部分查找它们所在页码即可。

(2)正文介绍：

①标准时：

在此部分中主要介绍了船舶在海上航行时使用时间的有关规定，并介绍了世界范围内时区分布的一般原则。在此部分中强调指出“世界上以 15°为间隔共有二十四个时区，在每个时区内都应保持同一时间。格林尼治经线为零时区的中央经线，自此向东的时区编号依次为－1、－2、－3、…，自此向西的时区编号依次为＋1、＋2、＋3、…，第十二时区由日界线分为两部分，即东十二时区和西十二时区。在计算世界时时，须用区时的小时数加上或减去相差的小时数。每个时区内的标准时(Standard Time)也可用字母注明，格林尼治时用 Z 标注，东时区用 A 至 M(省略 J)标注，西时区用 N 至 Y 标注。”

另外，在此后还给出了世界范围内的标注时区图、国际日期变更线的走向、美国和加拿大两国在本国使用不同时制的情况和世界时区图。

②法定时：在该部分中给出了如图 2-1-7 所示表格。

LEGAL TIME

Territory	Standard time	Daytime saving time		
			Begins	Ends
Australia				
(i)Western Australia	-08	*		
(ii)South Australia	-091/2	-101/2	Last sun in Oct	Sat before first Sun in March
(iii)Northern Australia	-091/2	*		
(iv)Australian Capital Tettitory(Canberra), New South Wales, Victoria	-10	-11	Last sun in Oct	Sat before last Sun in March
……				
China	-08	*		
……				

图 2-1-7 法定时

在该表中介绍了各国所使用的标准时、夏令时(Daylight Saving Time)的起始及终止时间。该表按国家名称的字母顺序编排，便于查阅。

(四)英版《无线电信号表》第六卷的查阅

英版《无线电信号表》第六卷的主要内容为引航服务、船舶交管服务和港口作业(Pilot Services, Vessel Traffic Services and Port Operations)。该卷由五个分册组成，第一分册[NP286(1)]覆盖英国、爱尔兰和地中海地区的水道和港口；第二分册[NP286(2)]覆盖不包括英国、爱尔兰和地中海在内的欧洲水道和港口；第三分册[NP286(3)]覆盖地中海和非洲的水道和港口；第四分册[NP286(4)]覆盖亚洲、澳大利亚的水道和港口；第五分册[NP286(5)]覆盖美洲和大西洋的水道和港口。其分区界限可以从任意一分册封底的“LIMITS OF ADMIRALTY LIST OF RADIO SIGNALS VOLUMES”中查取。

查阅方法：

1. 据港口所在的国家和地区确定所使用的卷别。

2. 根据港口所在国家名称查书中末尾“港口索引”，得港口资料所在的页数。

3. 根据该页数查正文部分，可了解有关细节。正文内容如下：

(1)引航服务、船舶交管服务和港口作业

在该部分中对各港在船舶引航服务、船舶交管服务及港口作业方面的服务资料作了说明。一般来说，其服务细节按下列方式编排：

BELGIUM

NIEUWPOORT 51° 09′ N 2° 44′ W

Pilot and port

UNITED KINGDOM

HUMBER 53° 35′ N 0° 00′ W

Vessel traffic services

上述例子中的有关解释如下："BELGIUM"和"UNITED KINGDOM"表示港站所在的国家或地理区域。"NIEUWPOORT"和"HUMBER"表示在每页左边出现的港站名称。"51°09′N 2°44′W"和"53°35′N 0°00′W"表示港站所在的位置精确到分，此仅作为参考位置。"Pilots and port"和"Vessel traffic services"表示港站所提供的服务。

在各部分内，各服务细节与各标题对应，一一列出。这些细节包括：概述、服务地区、台站呼号、岸台工作细节、联络情况、频率的表示方法、服务时间、申请引航或进港应遵循的要领、报告点的位置、重点报告点、事故报告点、雷达监控、雷达协助、紧急协调中心、信息广播等。

下面以比利时(BELGIUM)的 NIEUWPOORT 港为例，将有关细节加以简要说明。

NIEUWPOORT 35°47′N 5°49′W

Pilots and port

CONTACT DETAILS：

CALL：Loodswezen Nieuwpoort

TELEPHONE：+32(0)58 233000

FAX：+32(0)58 231575

FREQUENCY：CH09 16

HOURS：H24

PROCEDURE：

(1)For Pilotage from the Wandelaar pilot boarding position to Nieuwpoort，see BELGIUM AND NETHERLANDS，WESTERSCHELDE (Pilot Station Wandelaar)。

(2)Vessel should send ETA Nieuwpoort Roads at least 6h in advance to Loodswezen Oostende through Oostende(OST)。

(3)Vessel over 75m to a maximum of 82m LOA，should request permission from Loodswezen Nieuwpoort 24h in advance stating draught and any special means of manoeuvring，such vessels should reach Nieuwpoort Roads 6h before HW Nieuwpoort。

在该例中分别注明了港口名称及位置、港口呼叫名称、联系电话、传真等，并特别说明引航联系频率为 VHF09 和 16 频道，引航站电台为全天值守(H24)。引航要领为：

①从 Wandelaar 的引航员登船点至 Nieuwpoort 的有关引航事宜,可阅“BELGIUM AND NETHERLANDS,WESTERSCHELDE”。

②船舶应提前至少 6 小时通过 Oostende(OST)发 ETA 报至 Loodswezen Oostende。

③总长在 75 米至 82 米的船舶应提前 24 小时向 Loodswezen Nieuwpoort 提出申请,并注明吃水和所有特别的操纵资料。船舶应在 Nieuwpoort 高潮前 6 小时抵达 Nieuwpoort Roads。

(2)IMO 标准船舶报告制度表(见图 2-1-1)

该表共有四栏,第一栏为英文字母,第二栏为该英文字母的读法,第三栏为该英文字母表示的意义,第四栏详细介绍第三栏中的内容。

表 2-1-1　　IMO 标准船舶报告制度表

报告的项目名称		意义	报告的信息及格式
电报字符	无线电话使用		
A	ALPHA	船舶	船名、呼号、国籍或船站识别码
B	BRAVO	日期和时间	6 位数,前 2 位表示日期,后 4 位时间。当不使用 UTC 时须注明时区号
C	CHARLIE	船位	纬度:4 位数后跟 N/S,经度:5 位数后跟 E/W。精确到分
D	DELTA	船位	物标名称及其真方位(前面 3 位数字)和距离(kn)
E	ECHO	真航向	3 位数
F	FOXTROT	航速	3 位数,精确到 0.1 kn
G	GOLF	上一港	上一停靠港名称
H	HOTEL	加入系统的日期、时间、地点	日期、时间表示法同 B。地点表示法同 C 或 D
I	INDIA	目的港及预计到达时间	目的港名及日期、时间(同 B)
J	JULIET	引航员情况	说明是否有深海引航员或港内引航员在船
K	KILO	退出系统的日期、时间、地点	日期、时间表示法同 B。地点表示法同 C 或 D
L	LIMA	航路信息	计划航线
M	MIKE	无线电通讯	船舶电台全称和保护频率
N	NOVEMBER	下次报告时间	表示法同 B
O	OSCAR	当前的最大吃水	4 位数,用 m 和 cm 表示
P	PAPA	船载货物	货物及有关危险货物(可能对人或环境有害的)的简述
Q	QUEBEC	故障、缺陷、受损及受限情况	故障、缺陷、受损及其他限制情况的简单描述

续表

报告的项目名称		意义	报告的信息及格式
电报字符	无线电话使用		
R	ROMEO	污染或者危险货物丢失情况	污染(油类、化学品等)或者丢失的危险货物的种类及地点(表示法同C或D)的简单描述
S	SIERRA	气象情况	当前气象、海况的简单描述
T	TANGO	船东和(或)船东代表	船东和(或)船东代表的名称及所要求的其他详细资料
U	UNIFORM	船舶种类和尺度	船长、船宽、吨位、船舶种类及所要求的其他资料
V	VICTOR	医务人员	医生、医生助理、护士或无医务人员
W	WHISKEY	在船人数	人数
X	XRAY	其他事项	任何其他事项、信息

职业能力训练

训练目标

能够查阅航海图书资料,获取有关信息(推荐航线、灯标详细信息、法定时夏令时、引航和VTS信息)。

情境描述

凤凰轮0050航次 // 出发港:横滨(Φ:35°26′.55N,λ:139°40′.80E),目的港:旧金山(Φ:37°48′.3N,λ:122°23′.8W) // 载货15000吨;离港时最大吃水8.20米 // 预计2013年7月8日0800从泊位离开。

请查阅相关航海图书资料,获取有关信息。

附:凤凰轮基本资料

船名 M/V	凤凰	船舶种类 TYPE	散货船
船长 L. O. A (m)	179.52	船宽 BREADTH(m)	25
船深 DEPTH(m)	12	总吨 GROSS TONNAGE	17947
建造年份 BUILD	2007	海速 SEA SPEED(kn)	15
燃油消耗量 F. O/D. O CON. (t)	25	船旗 FLAG	CHINA

工作流程

1. 根据出发港和目的港,通过查阅《世界大洋航路》NP136和相应月份的《航路设计图》,并结合当时实际气象条件和本船的实际情况确定本船的航线以及航行方法。

2. 根据《灯标雾号表》查阅航线附近显著灯塔的具体信息。

3. 根据《无线电信号表》查阅出发港和目的港的法定时,以及本船和引航站、船舶交管联系的频道和呼叫时间等。

注意事项

在确定本船航线时一定要综合考虑本船内在条件(船龄、吃水、吨位、结构强度、驾驶员驾驶水平等)和外在天气海况等,从而确定符合本船的航线。

实训总结

1. 在航线设计过程中本着严谨认真的工作态度,对坐标方向和距离的量取一定要精确。

2. 航线设计的基本原则是安全经济。经济主要是指船舶航行时间短而不是船舶的航行距离短,所以在确定航线时一定要综合考虑推荐航线、气象水文条件和本船状况,最终设计出适合本船的最佳航线。

总结

1. 船舶停靠在港口时,一般情况下应调整船时为当地法定时以免在和船舶交管沟通时产生混乱。还应注意美国和欧洲大部分国家在夏天时使用夏令时,所以应及时根据相关资料进行时间调整。

2. 船舶在 VTS(Vessel Traffic Services,船舶交通管理)区域内航行、停泊和作业时,必须按主管机关(港务监督机构)颁发的《VTS 用户指南》所明确的报告程序和内容,通过甚高频无线电话或其他有效手段向 VTS 中心进行船舶动态报告。

船员适任评估题卡

评估项目	航线设计	等级	无线航区 500 总吨及以上船舶二/三副	时间	90 分钟
科目	航线设计				
题号	评估内容	查阅航海图书资料			分值
1	利用《世界大洋航路》查找香港到新加坡的推荐航线				5 分
2	利用《航路设计图》查找横滨到旧金山的推荐航线				5 分
3	利用《灯标雾号表》,查阅 Horsburgh 灯塔的详细资料				5 分
4	利用 NP85,查阅 suge saki 灯塔的详细资料				5 分
5	利用《无线电信号表》,查阅新加坡港 VTS 资料				5 分
6	利用《无线电信号表》,查阅旧金山引航服务的有关资料				5 分
7	利用中版《航标表》,查阅青岛港某灯塔的详细资料				5 分
8	利用《无线电信号表》查找横滨港的法定时				5 分
9	利用《无线电信号表》查找旧金山港的法定时				5 分
10	本船离横滨港时,应该按照什么样的步骤跟引航站联系(包括呼叫站台名称、呼叫频道和呼叫时间)?				5 分
11	本船到旧金山港时,应该按照什么样的步骤跟引航站联系(包括呼叫站台名称、呼叫频道和呼叫时间)?				5 分

习题

1. 建立船舶交通管理系统(VTS系统)的目的是 ( )

Ⅰ. 保障船舶交通安全；Ⅱ. 提高交通效率；Ⅲ. 保护水域环境

A. Ⅰ、Ⅲ　　B. Ⅱ、Ⅲ　　C. Ⅰ、Ⅱ　　D. Ⅰ、Ⅱ、Ⅲ

2. 我国船舶交通管理系统安全监督管理的主管机关是 ( )

Ⅰ. 国家港务监督机构；Ⅱ. 地方港务局；Ⅲ. 国家海洋局

A. Ⅰ　　B. Ⅱ、Ⅲ　　C. Ⅰ、Ⅱ　　D. Ⅰ、Ⅱ、Ⅲ

3. 下列不属于船舶交通管理系统的主要功能的有 ( )

A. 信息服务　　B. 引航服务　　C. 航行协助　　D. 救捞服务

4. 要了解有关某VTS区域的报告程序和内容，可以查阅 ( )

A.《无线电信号表》第一卷　　B.《无线电信号表》第二卷

C.《无线电信号表》第五卷　　D.《无线电信号表》第六卷

5.《中华人民共和国船舶交通管理系统安全监督管理规则》规定“船舶在VTS区域内( )时，必须按主管机关颁发的《VTS用户指南》所明确的报告程序和内容，通过甚高频无线电话或其他有效手段向VTS中心进行船舶动态报告。” ( )

Ⅰ. 航行；Ⅱ. 停泊；Ⅲ. 作业

A. Ⅱ、Ⅲ　　B. Ⅰ、Ⅲ　　C. Ⅰ、Ⅱ　　D. Ⅰ、Ⅱ、Ⅲ

6. 船舶定线制的主要内容之一是 ( )

A. 疏理同向或接近同向的交通流　　B. 分隔小角度交叉相遇的交通流

C. 引导特殊水域的交通流　　D. 分隔各转向点附近的交通流

7. 船舶定线制包含 ( )

Ⅰ. 过境航行；Ⅱ. 双向航路；Ⅲ. 推荐航路；Ⅳ. 避免区；Ⅴ. 分道通航制；Ⅵ. 渔区航路；Ⅶ. 沿岸通航区；Ⅷ. 环行航道；Ⅸ. 警戒区；Ⅹ. 深水航路

A. Ⅰ～Ⅴ　　B. Ⅱ～Ⅴ，Ⅶ～Ⅹ　　C. Ⅱ～Ⅸ　　D. Ⅱ～Ⅹ

8. 根据船舶定线的规定，船舶 ( )

A. 允许穿越双向航路，但必须小角度穿越

B. 允许穿越双向航路，但必须大角度穿越

C. 不允许穿越双向航路

D. 允许穿越双向航路，但尽可能缩短穿越时间

9. 根据IMO船舶报告系统文件，船舶报告分为一般报告和特殊报告，特殊报告有 ( )

Ⅰ. 危险货物报告(DG, Dangerous Goods Report)；Ⅱ. 有害物品报告(HS, Harmful Substances Report)；Ⅲ. 航行计划报告(SP, Sailing Plan)；Ⅳ. 船位报告(PR, Position Report)；Ⅴ. 变更报告(DR, Deviation Report)；Ⅵ. 最终报告(FR, Final Report)；Ⅶ. 海洋污染报告(MP, Marine Pollutants Report)；Ⅷ. 其他报告(Any Other Report)

A. Ⅰ～Ⅵ　　B. Ⅲ～Ⅵ　　C. Ⅰ～Ⅱ，Ⅶ～Ⅷ　　D. Ⅰ～Ⅷ

任务二 抽选海图以及航海图书资料

知识目标

1. 掌握利用《海图和出版物总目录》NP131 抽选海图和图书的基本方法。
2. 掌握利用《海图和出版物总目录》NP131 查阅其他航海信息的方法。

能力目标

1. 通过学习能够利用《海图和出版物总目录》NP131 抽选本航线所需的海图和图书资料。
2. 通过学习能够利用《海图和出版物总目录》NP131 查阅其他航海信息。

任务描述

学习者通过本任务的学习能够正确使用英版《海图和出版物总目录》进行抽选海图和航海图书。

知识准备

一、英版海图

根据海图在航线设计中所起的作用，大体可以将海图分为航用海图和辅助用图两个大类。

(一)航用海图

航用海图(Navigational Charts)大部分是墨卡托投影海图，供航行中拟订航线，进行航迹推算(Track Made Good)和定位(Position Fixing)等海图作业用。航用海图按其比例尺的不同，可分为以下四类：

1. 总图(General Charts)或大洋图

这种图比例尺较小，一般小于 1∶10000000，图区包括范围甚广。因此，图上只印有简略的岸线、岛屿、水深点、重要物标、灯塔和港口位置以及与海岸有一定距离的航海危险物等。至于沿岸航海危险物，仅作概略的描述。因此，总图只能供船舶在大洋航行时研究总的航行条件、拟订大洋航线和制订总的航行计划时使用。

2. 小比例尺海图

其比例尺约为 1∶3500000，图上较详细地记载有近海航行所需的灯塔、浮标和物标等。至于设置在港湾内、从外海看不到的航标则没有画出。

3. 沿岸图(Coastal Charts)或海岸图

其比例尺为 1∶25000～1∶75000，图上详细记载了图区范围内的沿岸地形、地物、水深、底质、所有航标和危险物，可供船舶沿岸和狭水道航行及进出港湾锚地时使用。

4. 港泊图(Harbor Plan)

其比例尺为1∶1000～1∶25000。图上详尽地记载了港湾内水域和陆地的地形、地物、水深、底质、航标、全部碍航物及泊位等资料。港泊图供船舶研究港湾和锚地的地理水文特点,以及掌握水深和底质,通过港湾内水道和进出港口及锚泊时使用。

注意:小比例尺海图、沿岸图和港泊图又称为“航行图”,是进行航线设计时所用到的最多的海图。总图只是用于指导航线的绘画,航线的详细信息都在航行图上,进行航程累计、时间推算等都是以航行图为依据的。其使用海图的顺序如下:

出发港港泊图→沿岸图→小比例尺航用海图→沿岸图→目的港港泊图

(二)辅助用图(Thematic Charts)

辅助用图可以分为参考用图和专用海图。

标绘有关航海资料供船舶航行参考使用的海图称为“航用参考图”(Non-navigational Charts),如等磁差曲线图(Magnetic Variation Charts)、洋流图(Ocean Current Charts)、气候图(Climatic Charts)等。

为航海上某种特殊需要而绘制的海图称为“专用海图”。例如,大圆海图可供绘制大圆航线用;航路设计图可供拟定大洋航线时参考使用。航线设计常用的辅助用图和其作用如下:

大圆海图(Gnomonic Charts):用于设计大圆航线。

航路设计图(Routeing Chart):用于初选航线。

空白海图(Plotting Diagrams & Sheets):用于提高作图精度。

二、英版《海图和出版物总目录》

(一)英版《海图和出版物总目录》概述

英版《海图和出版物总目录》(Catalogue of Admiralty Charts and Publications)刊有所有现行版的英版海图及其他水道出版物的编号、名称、出版日期及其他有关的版本资料,是抽选和使用英版航海图书不可缺少的工具,也是检验船上航海图书资料是否适用以及添置图书资料的主要依据。《海图和出版物总目录》有英国本土版NP109和世界版NP131等。远洋船应使用NP131。另有数字总目录(Admiralty Digital Catalogue,ADC)可供使用。

《海图和出版物总目录》每年出新版,印刷期间的资料变更或印刷错误用随附本书的勘误表(Addendum)改正,其后的资料改正通过周版《航海通告》的Section Ⅰ进行。

(二)英版《海图和出版物总目录》的主要内容

《海图和出版物总目录》主要包括:Part 1—Introduction,是有关本书的说明、使用本书的目录、航海图索引图的分区编号图和图书资料销售代理机构等资料。Part 2—Navigational Charts,刊有航海图索引图(编号为A～A2、B～W)及索引图上所载海图的资料和海图图夹索引图(编号X)。Part 3—Thematic Charts,列出参考图及其细节。Part 4—Navigational Publications,列出航海出版物及其版本、区域界限等资料。Part 5之后为杂项、广告、海图图号索引、价格表、英国以外的国家水道机构等。现摘要介绍如下:

1. 第一部分为英国水道测量局出版物及服务(The UKHO Products & Services)

介绍

(1)目录。主要介绍本书的内容编排。

(2)介绍。主要介绍英国水道测量局的出版物及服务、版权声明、目录编排、海图及出版物介绍、海图及出版物改正等。

(3)特别授权代销商/分销商全球分布图(Location of Appointed Chart Agents/Distributors)。主要介绍英版海图及出版物特别授权代销商全球范围内的分布情况,便于及早了解可以购买到英版海图及出版物的城市。

(4)全球特约代销商/分销商一览表(Admiralty Authorized Chart Agents/Distributors)。该一览表按国家名称字母顺序排出了全球特约代销商的联系方式及服务范围,方便用户购买。

(5)不负责资料改正的英版资料供应商一览表(Additional Non-correcting Admiralty Distributors)。该一览表按国家名称字母顺序排出了全球仅负责供应而不负责英版资料改正的代销商的联系方式,方便用户购买。特别需要指出的是,从本表中列出的供应商处购买的海图及出版物未经改正,在使用时应注意。

(6)已建立水道测量部门的国家(Countries with Established Hydrographic Offices)。

(7)英版《航海通告》的获得。按国家名称字母顺序排序,介绍可以获得英版《航海通告》的国家、城市及机构。

2.第二部分为航用海图(Navigational Charts)部分

这部分内容主要供抽选航用海图之用,也是该目录的主体部分。主要包括:

(1)英版海图分区界限索引图(Limits of Admiralty Charts Indexes)。该索引图以字母和数字标出各海区的编号,并把该编号作为本海区海图所在的页数,便于抽取本海区的海图。

(2)世界大洋海图(The World-general Charts of the Oceans)索引图A。该图中列出了全球范围内比例尺为1∶10000000的海图分区情况。该索引图的左页还有该部分海图的详细资料,包括图号、图名、比例尺、出版日期及新版日期,便于用户核对船存的大洋海图是否为最新版海图。

(3)航行计划图(Planning Charts)索引图AA。绝大部分海图的比例尺在1∶2000000以下。主要用于抽选拟定航行计划的大洋或跨大洋的小比例尺海图。

(4)索引图A1。主要用于抽选比例尺在1∶3500000左右的海图。

(5)索引图A2。主要用于抽选东北大西洋欧洲水域、地中海的小比例尺海图。

(6)索引图B～W为各分区海图索引图,用于抽选各分区的大中比例尺海图。索引图的左页为该分区内所有海图的详细资料,包括图号、图名、比例尺、出版日期及新版日期。

在上述各部分中,海图图号前标有"⊙"的,表明该图另有英版电子光盘海图。海图图号前标有"I"的,表明该图也属国际版海图。英版台卡海图、奥米加海图和罗兰C海图已经全部取消,不再出版。

3.第三部分为辅助用图(Thematic Charts)

(1)航路设计图(Routeing Chart):主要用于初选航线。

(2)定线指南(Routeing Guides):主要提供重要航线的设计信息和重要航行区域的分道通航制资料。目前共有《航海员定线指南——英吉利海峡及北海南部》《航海员定线指南——苏伊士湾》和《航海员定线指南——马六甲及新加坡海峡》三本。

(3)大圆海图(Gnomonic Charts):用于设计大圆航线。

(4)教学用图(Instructional Charts)。

(5)水道测量与符号(Hydrographic Practice and Symbols)。

(6)联合王国系列主要辅助用图(UK Series Thematic Charts)。

(7)世界系列主要辅助用图(World Series Thematic Charts)。

(8)天文用图(Astronomical Charts)。

(9)气象用图(Meteorological Charts)。

(10)磁差图(Magnetic Variation Charts)。

(11)领海基线图(Territorial Sea Baseline Charts)。

(12)潮汐图(Tidal Charts)。

(13)空白海图(Plotting Diagrams & Sheets)。

(14)深海图(Bathymetric Charts)。

4.第四部分为英版航海图书(Navigational Publications)

(1)潮汐与潮流资料。包括英版《潮汐表》一至四卷(书号为NP201~204)的分区界限索引图、英版《潮流表图集》、英版《潮流修正因数图集》和其他潮汐资料。

(2)英版《航路指南》(书号为NP1~72)及其分区界限索引图。

(3)英版《灯标雾号表》(书号为NP74~84)及其分区界限索引图。

(4)英版《无线电信号表》(书号为NP281~286)各卷内容简介。

(5)《里程表》。主要描述大西洋、印度洋、太平洋各港口及重要转向点之间的距离。

(6)天文用书(Astronomical Publications)。主要有《索星与辨星》和《航空表》一至六卷。

(7)英版《航海通告》及其他资料。

5.第五部分为英版数字产品(Admiralty Digital Products)。

主要是英版电子海图介绍及光盘覆盖分区索引(目前共11盘)、电子潮汐总表(目前共7盘)、电子灯标与雾号表A卷等的有关知识。

6.第六部分为其他产品与服务(Miscellaneous Products & Services)

包括英版《航海通告》在线服务介绍(Admiralty Notices to Mariners-On line-Service)等。详细情况可登录www.ukho.gov.uk查询。

7.第七部分为辅助产品(Leisure Products)

包括英版《小船海图》(Small Craft Edition)及图夹号(Folios)、英版电子海图光盘图夹号(ARCS Skipper Folios)。

8.第八部分为各国广告商一览表(Advertisers)

9.第九部分为英版海图图号索引(Numerical Indexes)

根据此索引可以查出某一图号的海图在本目录上的页数，便于查找该海图的出版及新版日期等详细资料。

10.第十部分为英版航海图书的参考价目表及折扣率(Admiralty Charts and Publications Recommended Retail Price List)

(三)英版《海图和出版物总目录》的使用方法

本书的主要作用是供航海者抽选英版图书及校核本船已有图书的适时性。另可用以查阅海图代销店和获取《航海通告》的地点。

1.抽选总图(The World-general Charts of the Oceans)

(1)翻到目录页，查找第二部分航用海图(Nautical Charts)总图索引图A所在页码。

(2)翻到总图索引图A所在页，在索引图上根据海区选取所需总图。

(3)在总图索引图A附近根据图号在相应的表格中找到该图的详细信息，如出版时间和覆盖海区等。

(4)在记录本上记录下相应的信息，去图书资料室抽取海图。

选用总图的原则：

(1)为了使用方便，根据航经海区，尽量选用一张总图，可对航线的总趋势和总动向一目了然。

(2)根据船上现存海图，或为了提高航线准确度，也可以选用两张总图。但应注意，两张海图的基准纬度可能不一致，应注意海图的衔接。

2.抽选小比例尺海图

(1)翻到目录页，查找第二部分航用海图(Nautical Charts)索引图A1所在页码。

(2)翻到索引图A1所在页，在索引图上根据海区选取所需海图。

(3)在索引图A1左页根据图号在相应的表格中找到该图的详细信息，如出版时间和覆盖海区等。

(4)在记录本上记录下相应的信息，去图书资料室抽取海图。

3.抽选沿岸图和港泊图

(1)翻到目录页，查找第二部分航用海图(Nautical Charts)分区界限索引图(Limits of Admiralty Charts Indexes)所在页码。

(2)翻到分区界限索引图所在页，根据海区确定所需海图所在页码。

(3)翻到该页，在右页索引图中根据航经海区确定所需海图的图号。根据图号在左页相应的表格中找到该图的详细信息，如出版时间和覆盖海区等。

(4)在记录本上记录下相应的信息，去图书资料室抽取海图。

选用航行图的原则：尽量选用较大比例尺的航用海图。在某些海区，尤其航行有一定难度的狭水道和气象条件较复杂的海域，即使航行中可能用不到大比例尺海图，为保证航行安全也应抽选出来，以备在特殊情况下参考使用。

4.抽选辅助用图——航路设计图(Routeing Chart)

(1)翻到目录页，查找第三部分辅助用图航路设计图索引图所在页码。

(2)翻到航路设计图索引图所在页，在索引图上根据海区选取所需航路设计图的图号(图号为5124～5128)。

(3)在航路设计图索引图附近根据图号在相应的表格中找到该图的详细信息,如出版时间和覆盖海区等。

(4)在记录本上记录下相应的信息,去图书资料室抽取海图。

5. 抽选辅助用图——大圆海图(Gnomonic Charts)

(1)翻到目录页,查找第三部分辅助用图大圆海图所在页码。

(2)翻到大圆海图所在页,在图表上根据海区选取所需大圆海图的图号及详细信息。

(3)在记录本上记录下相应的信息,去图书资料室抽取海图。

6. 抽选《航路指南》

(1)翻到目录页,查找第四部分英版航海图书(Navigational Publications)中关于英版《航路指南》分区界限索引图所在页码。

(2)翻到英版《航路指南》分区界限索引图所在页,在右页根据海区选取所需《航路指南》的书号(书号为 NP1～72)。

(3)在英版《航路指南》分区界限索引图左页根据书号在相应的表格中找到该书的详细信息,如出版时间和覆盖海区等。

(4)在记录本上记录下相应的信息,去图书资料室抽取图书。

7. 抽选英版《灯标雾号表》

(1)翻到目录页,查找第四部分英版航海图书中关于英版《灯标雾号表》分区界限索引图所在页码。

(2)翻到英版《灯标雾号表》分区界限索引图所在页,在该页根据海区选取所需英版《灯标雾号表》的书号(书号为 NP74～85)。

(3)在英版《灯标雾号表》分区界限索引图附近根据书号在相应的表格中找到该书的详细信息,如出版时间和覆盖海区等。

(4)在记录本上记录下相应的信息,去图书资料室抽取图书。

8. 抽选英版《无线电信号表》

(1)翻到目录页,查找第四部分英版航海图书中关于英版《无线电信号表》分区界限索引图所在页码。

(2)翻到英版《无线电信号表》分区界限索引图所在页,在该页根据海区选取所需英版《无线电信号表》的书号(书号为 NP281～286)。

(3)在英版《无线电信号表》分区界限索引图附近根据书号在相应的表格中找到该书的详细信息,如出版时间和覆盖海区等。

(4)在记录本上记录下相应的信息,去图书资料室抽取图书。

例:抽选拟于 2009 年 5 月 15 日由大连至鹿特丹的航海图和图书资料(2009 年总目录)。

(1)利用分区界限索引图,按航线顺序查得本航线应查阅的海图索引图为 K1、K、J3、J、I1、I、H1、H2、F、E2、E1、E、B、B2。

(2)利用索引图 A、A1 和 A2 查取本航线所需总图和小比例尺海图为 4509、4508、4706、4703、4704、4300、4103、4140(见表 2-2-1)。

(3)按航线顺序分别查阅上述各分区索引图字母页,查得航行图为:3694、1255、1254、

3480、1199、1759、1754、1761、1760……

表 2-2-1　　抽选海图一览表

Chart No.	Title of Chart or Plan	Natural Scale 1:	Date of Publication	New Edition
4509	Western portion of Japan	3500000	Mar. 1980	Oct. 1992
4508	South China Sea	3500000	Sept. 1987	Dec. 1991
…	…	…	…	…
3694	Dalian nan and Approaches	40000	July 1981	Aug. 1984
1255	Chengshan jiao to Laotieshan xijiao Dalian xingang	300000 15000	June 1982	—
1254	Qingdao to Chengshan jiao Rongcheng wan	300000 15000	June 1982	—
…	…	…	…	…

注意：

(1)在抽选海图之前应初步拟定好航线，作为抽选海图的依据。

(2)航海图抽选原则是抽选的海图比例尺大小要适当，如沿岸及航道水域应选较大比例尺海图，洋区一般选小比例尺海图；海图之间相邻水域应能衔接，同时视具体情况抽选必要的航行参考图。

(3)我国沿海应使用中版航海图书资料。

实际工作中，除了抽取航海图外，还应抽取参考图和书表，如本例中可抽选下列参考图：空白定位图 D6323、D6324(根据大洋航行的纬度范围并注意比例尺不要太小)，航路设计图 5127(5)、5126(6)、5124(6)(根据航行洋区和月份)等。

书表可抽选：《世界大洋航路》，《海图和出版物总目录》，中版《航路指南》及英版《航路指南》NP36、NP44、NP21、NP38、NP64、NP49、NP45、NP67、NP22、NP27、NP28、NP55，《灯标表》F 卷、D 卷、E 卷、A 卷、B 卷，《无线电信号表》，《航海天文历》，《航海员手册》和《潮汐表》等。与抽选海图一样，也应列出如表 2-2-2 所示的清单：

表 2-2-2　　抽选图书一览表

NP No.	Title	Edition	
		No.	Year
36	Indonesia Pilot Vol I	5th	2005
…	…	…	…
79	List of Lights, Vol. F	—	2007
77	List of Lights, Vol. D	—	2007

续表

NP No.	Title	Edition	
		No.	Year
…	…	…	…
281(1)	ALRS Vol. 1—Part 1	—	2007
282	ALRS Vol. 2	—	2007
…	…	…	…
136	Ocean Passages for the World	5th	2004
100	The Mariner's Handbook	8th	2004

职业能力训练

训练目标

能够抽选本航次所需的全部英版海图和图书。

情境描述

凤凰轮 0050 航次 // 出发港：横滨（Φ：35°26′.55N，λ：139°40′.80E），目的港：旧金山（Φ：37°48′.3N，λ：122°23′.8W）// 载货 15000 吨；离港时最大吃水 8.20 米 // 预计 2013 年 7 月 8 日 0800 从泊位离开。

请利用英版《海图和出版物总目录》抽选本航次所需的海图和图书资料。

附：凤凰轮基本资料

船名 M/V	凤凰	船舶种类 TYPE	散货船
船长 L. O. A (m)	179.52	船宽 BREADTH(m)	25
船深 DEPTH(m)	12	总吨 GROSS TONNAGE	17947
建造年份 BUILD	2007	海速 SEA SPEED(kn)	15
燃油消耗量 F. O/D. O CON. (t)	25	船旗 FLAG	CHINA

工作流程

1. 根据出发港和目的港，通过查阅《世界大洋航路》NP136 和相应月份的《航路设计图》，并结合当时的实际气象条件和本船的实际情况确定本船的航线以及航行方法。

2. 根据已确定的航线利用《海图和出版物总目录》NP131 抽选该航次所需的图书和海图。

总结

1. 船舶停靠在港口时，一般情况下应调整船时为当地法定时以免在和船舶交管沟通时产生混乱。还应注意美国和欧洲大部分国家在夏天时使用夏令时，所以应及时根据相关资料进行时间调整。

2. 船舶在 VTS 区域内航行、停泊和作业时，必须按主管机关(港务监督机构)颁发的《VTS 用户指南》所明确的报告程序和内容，通过甚高频无线电话或其他有效手段向 VTS 中心进行船舶动态报告。

船员适任评估题卡

评估项目	航线设计	等级	无线航区 500 总吨及以上船舶二/三副	时间	90 分钟
科目	航线设计				
题号	评估内容	抽选航海图书资料			分值
1	利用《海图和出版物总目录》抽选香港到新加坡航次所需英版航用海图				5 分
2	利用《海图和出版物总目录》抽选横滨到旧金山航次所需英版航用海图				5 分
3	利用《海图和出版物总目录》抽选香港到新加坡航次所需英版图书				5 分
4	利用《海图和出版物总目录》抽选横滨到旧金山航次所需英版图书				5 分
5	检查所选英版《灯标雾号表》的适用性				5 分
6	检查所选英版《航路指南》的适用性				5 分
7	检查所选英版《潮汐表》的适用性				5 分
8	检查所选英版《无线电信号表》的适用性				5 分

习题

1. 简述英版《海图和出版物总目录》的主要内容和使用方法。
2. 简述利用英版《海图和出版物总目录》如何查询海图代销点。

任务三　绘画航线、编制航线表

知识目标

1. 掌握拟定航线的注意事项和主要步骤。
2. 掌握填写《航线设计报告书》的方法。

能力目标

1. 通过学习能够在海图上绘画某航次航线。
2. 通过学习能够根据绘画的航线正确填写《航线设计报告书》。

任务描述

学习者通过本任务的学习能够绘画航线，并根据航线正确填写《航线设计报告书》。

知识准备

一、大圆航线

(一)大圆航线概述

大圆航线是跨洋长距离航行时采用的地理航程最短的航线。若将地球当作圆球体时,地面上两点间的距离,以连接两点的小于180°的大圆弧为最短,而当航线所在纬度较高并又横跨经差较大时,大圆航程比恒向线航程有时会缩短达数百海里。

除赤道与子午线外,大圆弧与各子午线的交角都不相等。因此,船舶若要沿着大圆弧航行,就要随时改变航向,这在目前较难办到。所谓"大圆航线",并不是真正沿着大圆弧航行,而是将大圆弧分成若干段,每一段仍按恒向线航线航行。如图2-3-1所示,在A,B两点间的大圆弧上作分点a_1,a_2,a_3,…每段航线可以是相邻分点间的恒向线弦线Aa_1,a_1a_2,a_2a_3,…或者是各分点的恒向线切线AA_1,A_1A_2,A_2A_3,…这样,只要分点足够多,整个大圆航线就基本上接近大圆弧。

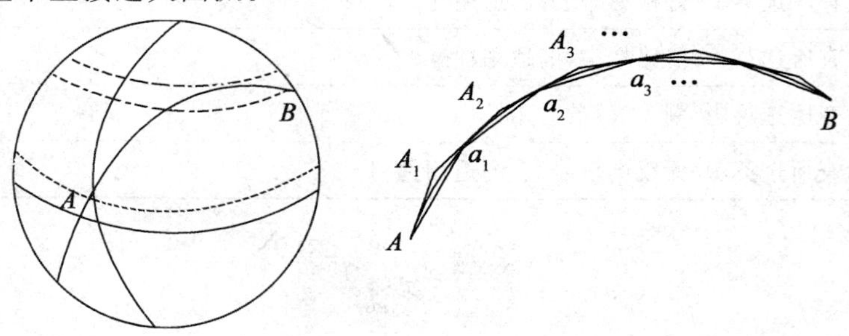

图 2-3-1　大圆航线形式

综上所述,绘画大圆航线主要是求出大圆航线的分点坐标和各相邻分点间的恒向线航向和航程。

求大圆航线的分点坐标可用大圆海图,也可用计算法。大圆航线分点的原则是每隔经差5°或10°,或一昼夜左右的恒向线航程。当求出大圆航线的分点坐标后,就可在墨卡托海图上绘画出大圆航线。现将求大圆航线的几种具体方法分述如下:

1. 利用大圆海图求分点坐标

大圆海图(Gnomonic Chart)是根据心射平面透视投影原理绘制的,大圆弧在图上被投影成直线,供船舶求大圆航线分点的经纬度使用。

求大圆弧分点坐标的作图步骤如下:

(1)在大圆海图上,用直线连接起航点A与到达点B,即得A,B之间的大圆弧。

(2)在此直线上按分点原则通过整经度线作出分点a_1,a_2,a_3,…读出各分点的经纬度。

(3)在航海图上根据分点经纬度画出各分点,并将相邻各分点用直线连接起来,便在墨卡托海图上得到一条凸向近地极的恒向线折线,这就是A,B间的大圆航线。

(4)量出或计算出各分点间的恒向线航向和航程。

可见,大圆海图法所画的大圆航线是大圆弧各分点间的连线。

2. 公式计算法

随着电子计算技术的发展,人们越来越习惯于利用计算法求取大圆(弧)航线的初始航向和大圆(弧)航程以及各分点的坐标。目前应用较多的是利用卫星导航仪和数字航海计算器。使用中一般只要输入起点、终点经纬度,再输入各分点的经度(任选),便可计算出各分点之间的恒向线航向和航程。航海人员只要将它提供的数据绘画到航海图上,就能得到大圆航线。

3. 其他方法

除了用大圆海图法和公式计算法外,用天体高度方位表法或大圆改正量方法也可求大圆航线。

(二)混合航线

1. 混合航线的组成

在同一半球采用大圆航线时,往往要通过高纬度地区。为了避开高纬度地区的恶劣水文气象条件或岛礁等航行危险区,可以根据航行季节及航区具体情况,设置一限制纬度(φ_v),使船舶不超过此纬度航行,但又要尽可能缩短航程。混合航线就是有限制纬度时的最短航程航线。如图 2-3-2 所示,混合航线由三段组成:

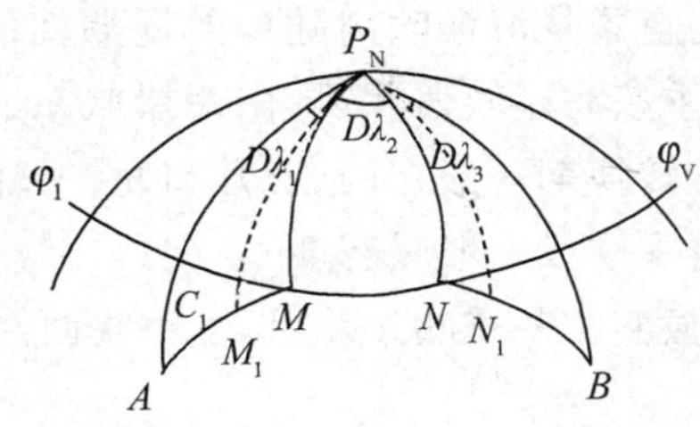

图 2-3-2 混合航线的组成

第一段:由起航点 A 到与限制纬度圈相切的点 M 的大圆航线 AM;

第二段:在限制纬度圈上由点 M 到点 N 沿等纬圈的恒向线航线 MN;

第三段:由到达点 B 到与限制纬度圈相切的点 N 的大圆航线 NB。

2. 混合航线的求取

混合航线同样可以利用大圆海图来绘画,如图 2-3-2 所示,从起程点 A 和到达点 B 分别作限制纬度圈(图示纬度 MN)的切线 AM 和 BN,并从 A 到 M 作出各分点和从 N 到 B 作出各分点,而 M 到 N 是航向为 090 的恒向线,然后将各分点及 M, N 点移到墨卡托海图上即得混合航线。

(三)选择大洋航线的原则

选择一条安全经济的最佳航线,应该是在保证安全的前提下选择航行时间最短、经济效益最高的航线,而并不一定是航程最短的航线。在拟定大洋航线时,主要应考虑以下几点:

1. 气象条件

主要应考虑本航次中遭遇大风和灾害性天气的可能性。

(1)世界风带

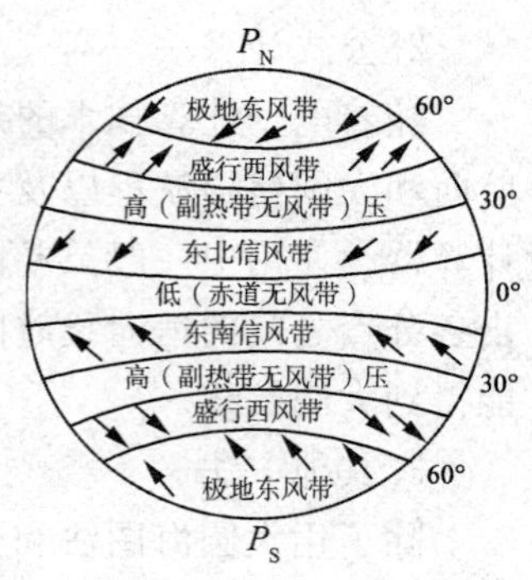

图 2-3-3　世界风带

一般大洋的风是比较有规律的,但随季节和海区的不同也稍有变化。世界风带的一般规律如图 2-3-3 所示。

从副热带高压带(纬度 30°附近)吹向赤道的风,由于地球偏转力的影响,北半球为东北风,南半球为东南风。因为它风向稳定、风力不大,一般只有 3～4 级,其中心区域可达 5 级,若无台风影响,几乎全年如此,被称为"信风"或"贸易风"。所以人们把南北纬度 10°～30°的东风带,叫作"信风带"。

南北信风带之间在赤道附近的静稳区,叫"赤道无风带"。

从副热带高压带向极地吹的风,在地球偏转力的影响下,北半球为西南风,南半球为西北风,风力平均有 5～6 级,故将这一带(纬度 30°～60°)叫作"盛行西风带",而在好望角附近叫作"咆哮西风带"。

在纬度 30°附近,即在信风带和盛行西风带之间的是副热带无风带。

极地高压区向中纬度吹的是偏东风,因此在纬度 60°～90°形成了极地东风带。

(2)季风

冬季从陆地吹向海洋,而夏季从海洋吹向陆地的周期性的风叫"季风"。我国是世界上著名的季风国家。我国冬季东海岸吹西北风,南海岸吹东北风;而夏季则相反,东海岸吹东南风,南海岸吹西南风。转换期一般在四、五月和九、十月。冬季季风比夏季季风强,冬季季风一般可达 8 级,而夏季季风一般只有 3～4 级。

印度洋北部季风也特别强盛。冬季吹东北风,夏季吹西南风,在阿拉伯海西部西南季风特别强盛。

(3)热带低气压和温带低气压

一般其中心的最大风力在 8 级以上者叫"热带风暴"。在我国和日本沿海一带的热带风暴叫"台风",在西印度群岛和加利福尼亚一带的叫"飓风",在澳洲西北岸的叫"威厉威厉",在菲律宾群岛的叫"巴加峨斯",在北印度洋的叫"气旋",在马达加斯加岛东面海上的叫"毛里求斯"。

热带风暴一般产生在夏秋季的低纬度大洋上,形成后会构成灾害性天气,应特别注意。西北太平洋的温带低气压和比斯开湾的低压在秋冬季节非常强盛。

(4)雾

世界上的多雾区,大都发生在寒流和暖流的交会处。如大西洋的纽芬兰和英吉利海峡附近,太平洋的北海道东南岸、千岛群岛、阿留申群岛和美洲西岸等,在夏季多有浓雾。

(5)流冰和冰山

鄂霍次克海、北海道南岸局部地区有流冰。冰山多见于大西洋纽芬兰附近,常出没于欧美航线附近,非常危险,应予注意。

2.海况

与航海有重大关系的主要是海流和波浪。概述如下:

(1)大洋环流

大洋环流与风带有着密切的关系。各大洋的环流可查阅有关的大洋环流分布图。

近海海流受季风影响较大。如中国沿海，东北季风期间产生西南海流，西南季风则产生东北海流。印度洋北部的海流也是随着强大季风的变化而变化的。

(2)海浪

船舶受波浪影响后，产生横摇和颠簸，其遭受到很大的冲击力，所载货物可能发生移动，船只稳性受到影响。波浪还使船首经常没入波间，船尾时常被抬出水面，产生打空车的现象。同时，船首常常被风浪压向下风偏离航向，不得不经常用较大舵角来保持航向。由此可见，较大风浪影响的结果，往往使船舶安全受到威胁，船速降低，船员生活受到影响。因此，在选择航线时，应尽可能地避免穿越大风浪区。

有关气象、洋流等详细资料可参阅《世界大洋航路》、航路设计图、世界气候图、世界洋流图等资料。

3.障碍物

大洋上一般很少有障碍物，但在高纬度地区则不然。北太平洋高纬度海区岛屿比较多，北大西洋高纬度地区则经常有冰山出没，往往使采用大圆航线受到限制。因此，必须对岛礁、冰山等危险障碍物予以充分注意，设计航线应留有足够的安全距离。

4.定位与避让条件

选择航线，应充分考虑到利用各种定位方法。接近陆地时，应选择有显著物标或有明显特征等深线的水域。选择航线还要注意避让条件，特别是能见度不良时，更应尽可能避免航线通过渔区和拥挤水域。大洋中如有推荐航线，应遵循“有利使用”原则，即应将自己的航线设计在推荐航线的右侧一定距离(如 5～7 n mile)处，这样能有效地减少避让的机会。如有通航分隔的海区，一般均应采用通航分道。

5.本船条件

在选择大洋航线时，必须充分考虑本船条件。例如本船的新旧、船型、吨位、船舶结构强度、航行性能、船速、船舶吃水、续航能力、船员的应变能力和技术水平，以及所载货物的性质、特点与布局等。

(1)船龄

老船因船壳锈蚀，容易在大风浪中被冲击漏水，所以选择航线时要慎重考虑。即使是新船，也会因遭遇风浪而发生意想不到的裂缝事故。例如被喻为优秀船舶的“华盛顿号”邮船，建成后不久在北太平洋西航时，第三舱后部断裂，仅几小时就沉没了。

(2)吃水

空船受风面积大，车效和舵效都不能充分发挥，而满载时则上浪厉害，容易损伤船体。

(3)船速

大洋航行中，船速是选择航线的一个重要因素。低速船在大风浪中顶风航行，航程进展小；傍风航行又偏移很大，舵效较差。

(4)吨位

一般来说，船大抗风能力也大。此外，船型不同，适航性能也不同。但只要措施得当，吨位大小并不是重要因素，而船长与波浪长度的关系对船舶的抗浪能力及船舶的安全关系却很大。

(5)客货载情况

要考虑满载还是空载，是散装货还是杂货，有无危险品，有无甲板货，封舱、衬垫和绑扎情况如何，稳性大小怎样，等等。对于装有活口货的船舶或者客船，应选择风浪小的航线。

(6)船员

要考虑船员的技术水平、熟练程度和应付紧迫局面的能力。在其他条件一定的情况下，船长的经验和船员集体的应变能力，是选择航线时应当考虑的一个重要因素。

二、沿岸航行

(一)沿岸航行概述

沿岸航行(Coastal Navigation)有如下特点：距沿岸的危险物近，地形复杂；受潮流影响大，水流较为复杂，水深一般较浅；来往船只和各种渔船可能较多，有时会造成避让困难；当距岸不很远而遇到紧迫局面时，在许多情况下回旋余地不大，这些都会给船舶的航行带来困难。但沿岸航区的航海资料一般详尽、准确；沿岸航线距岸较近，可用于导航定位的物标也较多，常常可获得较准确的陆标船位。这些为船舶的航行安全提供了一定的保证。总之，沿岸航行应充分利用其优势，克服不利因素。航行前要仔细研究航海资料，熟悉航区特点。航行中要集中精力，谨慎驾驶，不可有任何疏忽，以确保船舶的航行安全。

(二)选择沿岸航线时应该考虑的因素

沿岸海区(Coastal Waters)船舶通航的历史较长，主要航区的测量资料比较详尽，许多地方在海图和航路指南等资料中均有推荐航线，条件许可时应予以采用。但是，沿岸航行由于季节、往返航和昼夜时间的不同，航线也不是固定不变的。在具体选定航线时，应进行以下三方面的工作：

1. 分析航次情况

应根据本航次任务，综合考虑本船性能、导航设备性能、客货载情况、船员技术状况、航程长短，以及航区的风流、能见度、障碍物、渔船、灾害性天气和避风港等情况。

2. 研究有关资料

根据本航次任务的一般要求，详细研究有关航海图书资料，如海图、航路指南、航标表和潮汐潮流表等。应根据航海通告和航海警告对有关图书资料进行认真而仔细的改正。对本航次中可能遇到的困难条件，应做到心中有数并作好必要的安排。

3. 预画航线

在确定和预画航线前，应根据安全和经济的原则，充分考虑下列各点：

(1)应使用通航分道或推荐航线

沿岸航行，若有分道通航制，必须使用。没有分道通航制的水域，若海图或航路指南等资料中有明确的推荐航线，应尽可能采用。但根据船舶定线制的思想，使用推荐航线时，若安全许可，来往船舶可分道行驶，即右舷近岸的船舶将航线设计在推荐航线上，左舷近岸的船舶可将航线设计在推荐航线的右侧(远岸侧)2～4 n mile处(见图 2-3-4)。这样既减少了反向行驶船的会遇机会，又有效地避开了公共转向点。

图 2-3-4　沿岸航线的绘画

(2)确定适当的航线离岸距离

若需自己设计航线，航线离岸距离的确定应考虑船舶吃水的深浅、航程的长短、测定船位的难易、海图测绘的精度、能见度的好坏、风流影响的大小和方向、航行船舶的密集程度以及本船驾驶员的技术水平等情况。还应考虑避让和转向要留有足够的余地。

在能见度良好的情况下，距陡峭无危险的海岸，一般可在 2 n mile 以外通过，以保证能清楚地辨认岸上物标。沿较平坦倾斜的海岸航行，船舶至少应在本船吃水二倍的等深线之外航行。夜间航行，如果定位条件不好或能见度不良，应在离岸 10 n mile 以外航行，以保证安全。

在定位条件不好的海区沿岸航行，采取与岸线总趋势平行的航线是有利于安全的。在夜间，特别是在可能遇到吹拢风或向岸流的影响时，应将航线再适当地向外海偏开一些，以确保航行安全。

为了有利于避让，航线应避开船舶的交会点，尽可能避开渔船作业区。如我国佘山以北、34°N 以南海区，广东、福建沿海一带，常有大量渔船集中作业，必要时可以绕航。

(3)确定航线离危险物的安全距离

航线距其附近的暗礁、沉船、浅滩、渔栅等危险物的安全距离，应考虑下列因素：

①从接近危险物前所能测到的最后一个陆标船位至危险物的航程长短和所需的航行时间。一般情况下，这段航程越远、航行时间越久，概率航迹区距该危险物的距离也就越近，则航线距危险物的距离应远些。

②危险物附近海图测量的精度。通过未精测区比通过精测区的距离应远些。通过精测过的危险物，可从其外缘以 1 n mile 为半径画出危险圆，并考虑本船船位误差范围再确定航线距危险圆的距离。

③危险物附近有无显著的可供定位和避险的物标。若有可供定位甚至有用以避险的物标，航线距危险物可近些。

④通过危险物时的能见度情况，以及是白天还是黑夜。

⑤风、流对航行的影响。

⑥水下障碍物还是可见障碍物，以及是否设有危险物标志。

一般即使有陆标可供不断观测定位时，也至少应在 1 n mile 以外通过危险物。如果是在潮流影响较大的海区或者受吹拢风影响，或能见度不良时，离危险物的距离显然应该加大。在通过远离陆地而又未设标志的危险物时，应根据水流情况和最后一个实测船位到危险物航程的远近，以 6～10 n mile 的距离通过它。

(4)绕航

选定沿岸航线时，有时为了避开风浪、不利水流或者为了安全通过危险物等而需要绕航。避离危险物的绕航，当航程较远时，即使离开危险物的距离增加较多时，由此而增加的航程也是很有限的，而船舶的航行安全却得到了较大的保证。如图 2-3-5 所示，若距 D 暗礁 5 n mile 通过，从 A 到 B 的直航程为 250 n mile，若距其25 n mile通过，则绕航后的全程为 $AC+CB=253.3$ n mile，航程仅增加 3.3 n mile。绕航渔区的情况也是如此。

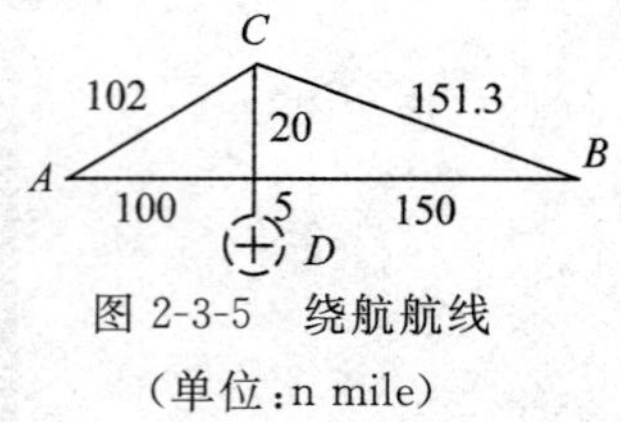

图 2-3-5　绕航航线

(单位：n mile)

(5)定位与转向条件

沿岸航行，应考虑在各种航行情况下，都能有较好的定位条件。在重要转向点，要事先选择好显著易认的、转向侧正横附近的转向物标，如灯塔、灯桩、小岛、山头等。必要时可多选择一个转向物标，以便在一个转向物标因故不能使用时利用另一个。

(三)沿岸航行的注意事项

沿岸航行时，一般应注意下面一些问题：

1.准确地进行航迹推算

沿岸航行一般均离岸较近，除了有定位精度较高的 GPS 定位外，获得准确的陆标船位也较为容易。但是，认为沿岸航行定位方便，因而忽视航迹推算甚至中断推算，一旦出现异常情况，就可能丢失船位，其后果是十分严重的。因此，平时应注意分析推算的精度，积累资料，以作为能见度不良或情况有异常时航行的参考。

推算起始点应准确地观测船位。在到达推算起始点前，应启用计程仪，并使其正常工作。航迹推算应保持连续性，在水流影响显著的地区航行时，应每一小时推算一次船位，直至到达引航水域或接近港界有物标可供导航时才可终止推算。

2.做好定位工作

如果条件许可，在一般情况下，船速 15 kn 以下的船舶应每半小时测定一次船位；接近危险地区或船速在 15 kn 以上时，应适当缩短定位的时间间隔；能见度不良时，应充分利用雷达定位。可通过一系列的观测船位，检查船舶是否偏离计划航线，系统地分析船舶偏离计划航线的原因。同时可根据实测船位的间距，计算出实际航速，以便预计可看到和到达下一个重要物标的时间。

物标在视界之内时，应尽量使用目测定位。应保持雷达、回声测深仪以及无线电定位仪器等处于良好的工作状态。在重要航区，应采用多种方法定位，以消除单一定位方法可能存在的误差和局限性，必要时可采用诸如方位距离、方位测深、天文船位线等综合定位方法测定船位。使用转移船位线时，应特别注意推算的准确度，若航迹推算误差较大且对观测船位又有充分把握时，可转移船位。

准确识别物标，是准确定位的前提。例如浮标在大风之后常有移位或漂失的情况发生，灯浮有时也会熄灭灯光，应注意识别，不可主观臆断。只有物标确认无疑后，方可用以定位和导航。对于灯塔，也不应盲目信赖，因为其灯光有可能被云雾遮住，或因船位偏离而不能及时发现它。

3. 加强瞭望

许多船舶交通事故，特别是碰撞事故，大部分是由于瞭望疏忽引起的。其实，航行中的瞭望，除了注意他船及其动态以外，还要注意海面情况。因此，瞭望应由近及远地连续扫视水平线内的一切事物，不要忽视任何微小的异常现象，例如海面的异常漂浮物、平静海面的异常浪花（可能有暗礁）、大海中海水颜色的突然改变（水色变淡预示水深可能变浅）等，它们往往是危险的预兆。在航行条件比较复杂的情况下，应尽量做到“镜不离手”，以提前发现危险。

夜航时，视觉信息的获取程度与驾驶员周围的环境亮度成反比，而与物体（目标）周围的环境亮度成正比，但灯标的背景亮度会影响灯标的发现距离。应注意尽可能少去海图室或减少在海图室内逗留的时间，以保持“夜眼”。人的眼睛，不管是从暗处到亮处还是从亮处到暗处，都有一个视力适应过程，尤其是从亮处到暗处，视力适应过程较长，需 3～5 min视力才开始恢复，15 min 后基本适应。必要时应及时开启雷达，使用雷达协助瞭望。在渔船和来往船只密集的海区，应密切注意他船的动向。

人眼观察垂直方向移动的物标会引起视力低落。目标在垂直方向移动时比在水平方向移动时视力低落的程度更大，即眼睛对垂直方向移动的物体的视觉距离要比实际距离大。因此，当船舶桅灯还在较远处时，它位于人眼水平方向，是视力的最佳范围，两船接近时，来船的桅灯在人眼的垂直方向上移动，视力便自然低落，从而造成对距离的判断失误。有些碰撞事故的当事者在描述碰撞前对方船的桅灯时说它像半空中的星星，好像还很遥远时两船已经碰撞。其原因就是在视力低落时，目标的实际距离总是比视觉距离要近。

4. 转向

转向前应尽可能地测得准确船位，以此推算出到达转向点的时间。在转向时最好用小舵角逐渐转过去。如果船至转向内侧物标的横距比设计的距离过大或过小，应适当提前或延后转向，以使船舶转向后驶上计划航线。转向时应特别注意避让，因为重要的转向点往往也是船舶航行的交会点，那里的船舶会遇局面不易判断。因此，应特别加强瞭望，谨慎驾驶。转向后，应在海图上和航海日志中记下转向时间、计程仪读数和船位，转向代号为 A/C。然后在条件许可时，应立即测定船位，校验转向后船舶是否在计划航线上航行。

绕岛屿与岬角航行，不必都采用正横转向。因为这样转向，船与物标的距离可能会越来越近。若连续三次正横转向 30°，则最后距物标的距离约为原先第一次转向时的 2/3。此时可采用定距绕航的方法，先在海图上画出航线，标出几个转向点，然后用雷达观测距离，使船舶保持在计划航线上航行。

转向中，若有必要，还应根据本船吃水，设定适当的避险位置线，以防转向中接近海岸或危险物。也应注意充分利用当时可利用的有利转向条件，使船舶准确地转到新航线。例如，利用新航线正前或正后方的导标或叠标转向；采用平行方位线转向法；转向前采用平行线导航法使船舶保持在航线上航行等，都能达到转到新航线的目的。

5. 保持助航仪器的良好工作状态

所有助航仪器都应保持正常良好的工作状态。对罗经和计程仪，应该利用航行中的一切机会测定其误差。

6.海图的使用

为了提高推算和定位的精度，应尽可能采用现行版大比例尺海图。因为在大比例尺海图上，资料比较详尽、准确。海图作业应按规定进行，并要保持整齐清洁。在换图后，只要条件允许，应立即定位进行核对。此外，航行中应注意收听航海警告，并及时进行资料及海图的改正工作。

7.避离灾害性天气

注意收听有关的气象预报，如果发现航路进程中有灾害性天气，应及时果断地改变航行计划。

三、绘画航线

航线拟定的过程就是准备资料、阅读资料和预画计划航线的过程。在预画航线时，按由粗到细、由总到分的原则进行，即：先在总图上画出全部计划航线，然后再分别画到各大中比例尺的航海海图上。

(一)绘画航线时的要求

1.尽可能采用推荐航线、习惯航线和分道通航航线。

2.在预画沿海、近岸航线时，应首先确定合适的离岸距离。

3.在过危险物或障碍物附近时，应根据水文、气象、船况及驾驶员水平等因素，确定安全距离。

4.选好合适的转向点、转向物标。

(二)航线的绘画方法

1.在总图上预画计划航线

把所采用的推荐航线，用三角板或平行尺配合 1 m 的长尺，画出预定航线。用三角板或平行尺量出各预定航线的航向，用分规量出各段航线的粗略航程。

2.在航行图上绘画分段计划航线

把总图上的预画航线转移到已选择好的大中比例尺航用海图上，按要求求得可靠准确的转向点的经纬度，用尺连接各转向点，画出计划航线，然后再量出航向和航程。

3.相邻转向点位置不在同一张海图内的画法

将总图上的转向点移至航用海图上时，若其中有一个转向点位置不在海图范围内，则可利用计算的方法求得航向和航程，从转向点按照所求航向画出航线，用同样的方法从下一个转向点按照所求航向的反航向画，在接图的位置一定衔接一致，如果交点位置不重合，注意调整，直至完全重合。

例如：转向点 A，B 不在同一张海图内，经计算 A 到 B 航向 135°，从 A 点画航向 135°直至与 B 点所在海图重合的部分，从 B 点画 315°至与上一张海图重合的部分，查看在重合部分位置是否一致，如果不一致要进行调整，至完全重合。

4.进行各项内容的标注

画好计划航线后，应在计划航线上或航线附近进行有关内容的标注，如航向、航程、转向点编号、相邻海图图号等。

5. 预画大圆航线的方法

利用大圆海图绘画航线时，先在大圆海图上找出起航点和到达点的经纬度，用直线连接两点即为大圆航线。按照分点原则找出各分点位置，量取经纬度。把各分点转移到航用海图上，量取其航向航程。

(三)航线标绘

计划航线画好后，必须在计划航线上或航线附近进行有关内容的标注，用以了解各段计划航线的有关资料以及各种与航行安全有关的信息。有些特殊地段还应有特殊的标注要求。

1. 计划航向(CA)和航程(DIST)

一般在各段计划航线的上方(或下方)适当位置画一平行于航线的箭头，表示该段航线的走向(与航线的距离 4～5 cm)。在其上方标明计划航线的度数，记作 CA ×××°；在下方标出航程，小比例尺精确到 1 n mile，大中比例尺精确到 0.1 n mile。

2. 转向点(WP)及其编号

在转向点处，用一圆圈圈住转向点表明转向点的位置，在其附近注明符号 WP 表示转向点，并进行编号，而且应将转向点的位置表示出来，记为(Φ, λ)。此转向点编号和经纬度应与航线表中的转向点相同，以便查核。

3. 相邻海图图号

在每张海图的航线起始端和终端附近(一般取两张海图重叠部分的中间段)，标明前后衔接的海图图号，并注明是中版还是英版或其他版。其方法是：找出海图的衔接点作航线的垂直线段，在起始端线段上注明“上接海图××××(FM BA chart：××××)”；在终端线段上注明“下接海图××××(NC BA chart：××××)”。

4. 转向点物标的方位和距离

可用直线连接有关的转向点和转向物标，并在其上标出到该转向物标的方位和距离，如果正横物标，只需标出正横距离。

5. 标注危险物

用铅笔在海图上圈出航线附近可能危及航行安全的浅滩、沉船、暗礁等障碍物，以便引起值班驾驶员的注意。

6. 海图使用序号

每一航次所需海图应按前后顺序存放，并用铅笔在每张海图的背面按顺序进行编号，防止别人翻阅时弄乱海图。

航线设计报告书以文字的形式反映了整个航行计划，是把与航线有关的各种信息填入相应的表格，留船备查。具体填写如下：

四、填写《航线设计报告书》

(一)填写航线主要数据(Summary of the Plan)(见表 2-3-1)

表 2-3-1 航线主要数据

<table>
<tr><td colspan="3">船名：
M. V.</td><td colspan="3">航次：
Voyage No.</td></tr>
<tr><td rowspan="4">船舶规范：
Particulars</td><td colspan="2">LOA</td><td colspan="2">Beam</td><td>DWT</td></tr>
<tr><td colspan="2">Cargo</td><td colspan="3">Cargo weight</td></tr>
<tr><td colspan="4">FO consumption per day</td><td>Speed</td></tr>
<tr><td colspan="5">Departure draft(F|A)</td></tr>
<tr><td colspan="3">出发港：
Departure</td><td colspan="3">目的港：
Destination</td></tr>
<tr><td colspan="6">泊位到泊位航行距离：
Distance</td></tr>
<tr><td colspan="6">泊位到泊位航行时间：
Sailing time</td></tr>
<tr><td colspan="3">离港时间：
Departure time</td><td colspan="3">离泊位时间：
Departure time from berth</td></tr>
<tr><td colspan="3">预计抵港时间：
ETA to pilot station</td><td colspan="3">预计抵泊位时间：
ETA to berth</td></tr>
<tr><td colspan="2">潮汐：
Tide</td><td colspan="4">出港时潮高 Tide of departure：
抵港时潮高 Tide of destination：</td></tr>
<tr><td colspan="2">法定时：
Legal time</td><td colspan="2">出发港：
Departure.</td><td colspan="2">目的港：
Destination</td></tr>
<tr><td colspan="2">船时调整：
Time adjustment</td><td colspan="4">拨快|拨慢 小时
增加|减少 天</td></tr>
<tr><td colspan="2">途径主要海区：
Main area of the route</td><td colspan="4"></td></tr>
</table>

（二）填写确定计划航线的依据(Select and determine route)

综合考虑航行经过海区的气象气候条件、船舶操纵性能和船员技术水平，阐述使用本条航线的理由。

此部分可以分为三部分内容写出：

1. 航线性质

所采用的航线是大圆航线、恒向线航线还是混合航线。

2. 确定航线的依据

根据本海区的气象、水文条件和本船操作性能等综合阐述采用本航线的理由。

3. 重要航路点

将重要航路点写出，大体反映出航线的主要轮廓。

（三）填写本航次所用图书信息

填写本航次所用的所有图书资料的书名、书号、出版时间、图书有效性检验的结果等信息，如表 2-3-2 所示。注：有效性检验结果填在备注栏。过期书籍填写“需更新”，本实验室没有的书籍填写“需购置”。

表 2-3-2 本航次所用图书信息

Title	No.	NP	Name of publication	Date of publication	Remarks
List of radio signal	1	NP281(2)	ALRS Vol. 1 Part 2	2003/2004	Nil Need supplied
	2	NP282	ALRS Vol. 2	2003/2004	Need supplied
	3	NP283(2)	ALRS Vol. 3 Part 2	2003/2004	Nil Need supplied
	4	NP284	ALRS Vol. 4	2003/2004	Nil Need supplied
	5	NP285	ALRS Vol. 5	2003/2004	Nil Need supplied
	6	NP286	ALRS Vol. 1 Part 4	2003/2004	
Mariner's handbook, Ships' routes and others	1	NP350(3)	Admiralty Distance Table, Vol. 3	1984	
	2	NP323	Star Finder and Identifier		
	3	NP401(3)	Sight Reduction Table for marine Nav.		
	4	NP401(4)	Sight Reduction Table for marine Nav.		
	5	NP131	Catalogue of Charts and Publications	2002	
	6	NP735	IALA Maritime Buoyage System	1994	Nil Need supplied
	7	NP234A	Cumulative List of Notices to Mariners	2002/A	Need supplied
Navigational warning/Weather report	1	NP247	Annual Summary of ANM	2002	Need supplied
Remarks					

注意:图书资料应填写由《海图与出版物总目录》中抽取的图书信息,航线设计需要用

到而海图室没有的图书，其信息应该根据《海图与出版物总目录》给出的在表格里填写，备注栏填写“需购置”。

（四）填写本航次所用海图信息

填写本航次所用的所有海图资料如图名、图号、出版时间、海图有效性检验的结果等信息，如表 2-3-3 所示。注：有效性检验结果填在备注栏。过期海图填写“需更新”，本实验室没有的海图填写“需购置”。

表 2-3-3　本航次所用海图信息

No.	Chart No.	Title	Scale	Date of publication	Remarks
1	3480	China, Korea and Japan Yellow Sea and Korea Strait	1∶200000	07-1985	Available
2	3365	Komundo to Taehukan Kundo and Cheju-Do	1∶250000	08-1998	Available
3	127	Korea Strait	1∶300000	08-1995	Available

注意：海图的填写是填由《海图与出版物总目录》中抽取的海图信息，航线设计需要用到而海图室没有的海图，其信息应该根据《海图与出版物总目录》给出的在表格里填写，备注栏填写“需购置”。填写时最好根据海图使用顺序填。

（五）计算与填写航行数据

航行数据主要包括里程和时间。

下面以烟台到西雅图的航线设计为例，介绍需填写的航行数据：

1. 航向

两个转向点之间的航向。如表 2-3-4 所示，No. 2 转向点的航向是由 No. 1 至 No. 2 点之间的航向。

注意：第一个转向点的航向栏不填，由左下至右上斜线划掉。

2. 航程

两个转向点之间的距离。如表 2-3-4 所示，No. 2 转向点的航程是由 No. 1 至 No. 2 点之间的距离。

注意：第一个转向点的航程记为“0”。

3. 累计航程

从出发点到该转向点之间的距离。如表 2-3-4 所示，No. 1 点为出发点，故累计航程为 0，No. 2 点航程为由 No. 1 到 No. 2 点的航程，即船舶已经行驶的距离。以此类推，至最后一点累计航程即为总航程。

4. 剩余航程

从该转向点到目的地的距离，即总航程减去该点的累计航程。

5.转向时间

由出发港计时,根据航行时间累计到该转向点的日期和时间。

注意:计算转向时间时,记得进行跨时区拨钟调时,还有到美国西海岸旧金山和澳大利亚悉尼时两个城市采用的是夏令时的问题,注意时间的换算。

表 2-3-4 **航线计划表**

出发港	烟台	时区	−8	时差
目的港	西雅图	时区	+8	8 小时
本航次所需海图	1260-1255-3480-3365-127-2347-4509-1329-1340-1800-1803-4511-4522-4805-4806-4801-3993-2531-4945-4947-4950-46-1947-47-48-50			
本航次所需图书	NP32-41-62-25;VOL(F),VOL(G);NP286(5);NP204			

编号	纬度	经度	航向	航程	累计航程	剩余航程	转向时间	转向点及重要物标位置
01	37-39.8N	121-30.5E		0	0	5234		
02	37-40.0N	123-00.0E	89.8	71	71	5163		
03	33-38.0N	125-35.0E	152.4	273	344	4890		
04	34-00.0N	129-35.0E	83.7	202	546	4688		
05	41-10.0N	140-00.0E	49.1	657	1203	4031		
06	41-38.0N	140-48.0E	52.2	46	1249	3985		
07	41-45.0N	143-25.0E	86.6	118	1367	3867		
08	49-00.0N	180-00.0E	74.3	1604	2971	2263		
09	48-30.0N	125-00.0W	90.8	2183	5154	80		
10	48-16.0N	123-55.0W	107.9	46	5200	34		
11	48-13.0N	123-33.0W	101.5	15	5215	19		
12	48-15.0N	123-20.0W	77.0	9	5224	10		
13	48-13.0N	123-05.0W	101.3	10	5234			

表 2-3-5 **需购买的图书资料表**

No.	Name of Publication	Date of Publication
01	BA47-puget sound-point No Point to Point Everett	06-1999
02	BA48-puget sound-alki point to point defiance	03-2002
03	BA50-puget sound-seattle harbor	06-2001
04	BA46-puget sound-point partridge to point No point port Townsend	05-1999
05	BA4950-Juan de Fuca Strait-Eastern portion	02-2003

续表

No.	Name of Publication	Date of Publication
06	BA4947-Juan de Fuca Strai	02-2003
07	BA4945-Approach to Juan de Fuca Strai	02-2003
08	BA2531-Cape Mendocino to Vancouver Island	06-1978
09	BA3993- Juan de Fuca Strai to Dixon Entrance	02-1978
10	BA4801-Mexican Border to Dixon Entrance	07-2003
11	BA1340-Tsugaru Kaikyo	07-1989
12	BA1329-Tobi Shima to Tsugaru Kaikyo	03-2002
13	BA1255-Chengshanjiao to Laotieshan xijiao	09-2000
14	NP25-British Columbia Pilot Vol I	2001

表 2-3-6　　本航次所需的报告系统

港口名称	JUAN DE FUCA STRAIT (VTS)/ JUAN DE FUCA STRAIT (pilot)
联系方式及频道	E-MAIL:operations@marinexchange. sea. com VHF Ch05A VHF Ch13
联系内容	JUAN DE FUCA STRAIT (VTS) BEFORE 24 h send msg to above E-MAIL address A:VESSEL'S NAME……X(See NP286(5) Page 131) SEATTLE ZONE: When passing the following,stating name of vsl and position (1)The meridian 124°40′W (2)The meridian 124°00′W JUAN DE FUCA STRAIT (pilot)(NP286(5) Page 375) Confirm ETA at pilot boarding position on passing Cape Flattery And again 1 h in advance

职业能力训练

训练目标

1. 能够设计航线并作适当标注。
2. 能够根据所画航线编制航线计划表。

情境描述

凤凰轮 0050 航次 // 出发港：横滨（Φ:35°26′.55N，λ:139°40′.80E），目的港：旧金山（Φ:37°48′.3N，λ:122°23′.8W）// 载货 15000 吨；离港时最大吃水 8.20 米 // 预计 2013 年 7 月 8 日 0800 从泊位离开。

请拟定一条合理的航线，填写航线计划表。

附：凤凰轮基本资料

船名 M/V	凤凰	船舶种类 TYPE	散货船
船长 L.O.A (m)	179.52	船宽 BREADTH(m)	25
船深 DEPTH(m)	12	总吨 GROSS TONNAGE	17947
建造年份 BUILD	2007	海速 SEA SPEED(kn)	15
燃油消耗量 F.O/D.O CON.(t)	25	船旗 FLAG	CHINA

工作流程

1. 根据出发港和目的港，通过查阅《世界大洋航路》NP136 和相应月份的《航路设计图》，并结合当时实际气象条件和本船的实际情况确定本船的航线以及航行方法。

2. 根据已确定的航线利用《海图和出版物总目录》NP131 抽选该航次所需的图书和海图。

3. 按照航线设计的要求和基本原则设计航线并作适当标注，最后根据已经画好的航线填写航线表。

编号	从一航路点到另一航路点			累计航程	备注
	航路点位置	航向	航程		
001					
002					
003					
004					
005					

注意事项

1. 在航线设计过程中本着严谨认真的工作态度，对坐标方向和距离的量取一定要精确。

2. 航线设计的基本原则是安全经济。经济主要是指船舶航行时间短而不是船舶的航行距离短，所以在确定航线时一定要综合考虑推荐航线、气象水文条件和本船状况，最终设计出适应本船的最佳航线。

船员适任评估题卡

评估项目	航线设计	等级	无线航区 500 总吨及以上船舶二/三副	时间	90 分钟
科目	航线设计				
题号	评估内容	绘画航线、编制航线表			分值
1	根据要求绘画大圆航线或恒向线,并作适当标注				20 分
2	编制航线表				10 分

习题

1. 船舶在近海、沿岸航行时通常都采用恒向线航法,这是因为 ( )
   A. 恒向线在墨卡托海图上是直线,即两点间最短航程航线
   B. 船舶按恒向线航行,操纵方便,且航程增加不多
   C. 恒向线能满足海图的纬度渐长特性
   D. 墨卡托海图是等角投影海图,只能使用等角航线
2. 拟定航线的依据是 ( )
   A. 现行版航海图书资料　　B. 水文气象条件
   C. 本船技术状态　　D. 以上都是
3. 拟定沿岸航线时,一般不用考虑的因素是 ( )
   A. 风流情况　　B. 交通密度　　C. 渔船渔栅　　D. 安全航速
4. 下列有关船舶燃油储备量的说法中,正确的是 ( )
   A. 近岸航区,储备量不少于 1 天的耗油量
   B. 沿岸航区,储备量不多于 2 天的耗油量
   C. 远洋航区,储备量不少于 3 天的耗油量
   D. 各类航区,储备量均不少于 2 天的耗油量
5. 沿岸航行,大船的航线应设计在 ( )
   A. 10 等深线以外
   B. 20 等深线以外
   C. 水深大于 2 倍于本船吃水的海区
   D. B、C 中水深较深的海区
6. 沿岸航行中,船舶转向后应在航海日志中记录的内容是 ( )
   Ⅰ. 转向时间;Ⅱ. 计程仪航程;Ⅲ. 船位;Ⅳ. 转向时风流情况;Ⅴ. 能见度
   A. Ⅱ～Ⅴ　　B. Ⅰ～Ⅲ　　C. Ⅰ、Ⅱ、Ⅳ、Ⅴ　　D. Ⅰ、Ⅱ、Ⅲ、Ⅴ
7. 沿岸航行,一般情况下,小船的航线应设计在 ( )
   A. 10 等深线以外　　B. 20 等深线以外
   C. 2 倍于本船吃水的海区　　D. A、C 中水深较深的海区

8. 沿岸航行，在没有夜航灯标，船位较难测定的海区，离岸距离一般应为 （ ）

A. 3～5 n mile B. 5～10 n mile

C. 10 n mile 左右 D. 15 n mile 左右

9. 在能见度良好时，沿岸航线距陡峭海岸的最近距离为 （ ）

A. 1 n mile B. 2 n mile

C. 5 n mile D. 10 n mile

10. 制订航行计划时，实际航速的推算应考虑的因素是 （ ）

Ⅰ. 海流的流向、流速；Ⅱ. 潮流的顺逆；Ⅲ. 风浪大小；Ⅳ. 距危险物远近；Ⅴ. 水深大小

A. Ⅰ～Ⅱ B. Ⅰ～Ⅲ

C. Ⅰ～Ⅳ D. Ⅰ～Ⅴ

知识拓展

世界主要海运航线

一、世界主要海运航线简介

（一）太平洋航线

1. 远东—北美西海岸航线

该航线包括从中国、朝鲜、日本及俄罗斯远东各港横渡北太平洋至加拿大、美国、墨西哥等北美西海岸各港的航线。该航线随季节有波动，一般夏季偏北，冬季南移，以避北太平洋的海雾和风暴。从我国沿海各港出发，偏南航线经大隅海峡出东海；偏北航线经对马海峡穿日本海、经津轻海峡进入太平洋，或经宗谷海峡，穿过鄂霍茨克海进入北太平洋。本航线是二战后货运量增长最快、货运量最大的航线之一。

2. 远东—加勒比、北美东海岸航线

该航线不仅要横渡北太平洋，还越过巴拿马运河，因此航线一般偏南，横渡大洋的距离也较长，夏威夷群岛的火奴鲁鲁港是它们的航站，船舶在此添加燃料和补给品等。从我国北方沿海港口出发的船只多半经大隅海峡或经琉球庵美大岛出东海。本航线也是太平洋货运量最大的航线之一。

3. 远东—南美西海岸航线

从我国北方沿海各港出发的船只多经琉球庵美大岛、硫黄列岛、威克岛、夏威夷群岛之南的莱恩群岛穿越赤道进入南太平洋，至南美西海岸各港。

4. 远东—东南亚航线

该航线是中、朝、日、韩货船去东南亚各港，以及经马六甲海峡去印度洋，大西洋沿岸各港的主要航线。东海、台湾海峡、巴士海峡、南海是该航线船只的必经之路，航线繁忙。

5. 远东—澳大利亚、新西兰航线

远东至澳大利亚东南海岸分两条航线。中国北方沿海港口、朝鲜半岛、日本到澳大利亚东海岸和新西兰港口的船只，需走琉球久米岛、加罗林群岛的雅浦岛进入所罗门海、珊瑚湖；中澳之间的集装箱船需在香港加载或转船后经南海、苏拉威西海、班达海、阿拉弗拉海，后经托雷斯海峡进入珊瑚海。

6.澳、新—北美东西海岸航线

由澳、新至北美海岸多经苏瓦、火奴鲁鲁等太平洋上重要航站到达。至北美东海岸及加勒比海各港,取道帕皮提,过巴拿马运河而至。

(二)大西洋航线

1.西北欧—北美东海岸航线

该航线是西欧、北美两个世界工业最发达地区之间的原燃料和产品交换的运输线,运输极为繁忙,船舶大多走偏北大圆航线。该航区冬季风浪大,并有浓雾、冰山,对航行安全有威胁。

2.西北欧、北美东海岸—加勒比航线

西北欧—加勒比航线多半出英吉利海峡后横渡北大西洋。它同北美东海岸各港出发的船舶一起,一般都经莫纳、向风海峡进入加勒比海。除去加勒比海沿岸各港外,还可经巴拿马运河到达美洲太平洋岸港口。

3.西北欧、北美东海岸—地中海、苏伊士运河—亚太航线

西北欧、北美东—地中海—苏伊士航线属世界最繁忙的航段,它是北美、西北欧与亚太海湾地区间贸易往来的捷径。该航线一般途经亚速尔、马德拉群岛上的航站。

4.西北欧、地中海—南美东海岸航线

该航线一般经西非大西洋岛屿加纳利、佛得角群岛上的航站。

5.西北欧、北美东海—好望角、远东航线

该航线一般是巨型油轮的航线。佛得角群岛、加拿利群岛是过往船只停靠的主要航站。

6.南美东海—好望角—远东航线

这是一条以石油、矿石为主的运输线。该航线处在西风漂流海域,风浪较大。一般西航偏北行,东航偏南行。

(三)印度洋航线

印度洋航线以石油运输线为主,此外有不少是大宗货物的过境运输。

1.波斯湾—好望角—西欧、北美航线

该航线主要由超级油轮经营,是世界上最主要的海上石油运输线。

2.波斯湾—东南亚—日本航线

该航线东经马六甲海峡(20万吨载重吨以下船舶可行)或龙目、望加锡海峡(20万载重吨以上超级油轮可行)至日本。

3.波斯湾—苏伊士运河—地中海—西欧、北美运输线

该航线目前可通行载重大于30万吨级的超级油轮。

除了以上三条油运线之外,印度洋其他航线还有:远东—东南亚—东非航线;远东—东南亚、地中海—西北欧航线;远东—东南亚—好望角—西非、南美航线;澳、新—地中海—西北欧航线;印度洋北部地区—欧洲航线。

(四)世界集装箱海运干线

目前,世界海运集装箱航线主要有:

1.远东—北美航线

2. 北美—欧洲、地中海航线

3. 欧洲、地中海—远东航线

4. 远东—澳大利亚航线

5. 澳、新—北美航线

6. 欧洲、地中海—西非、南非航线

二、航线选择举例

(一)北太平洋航线

在北太平洋北纬 35°～50°的西风带航行,东航要利用西风带,西航要避开西风带不利的自然条件。下图是北太平洋中国与美洲间的航线示意图,图中的 A、D…等为 OPW 中推荐航线的转向点。

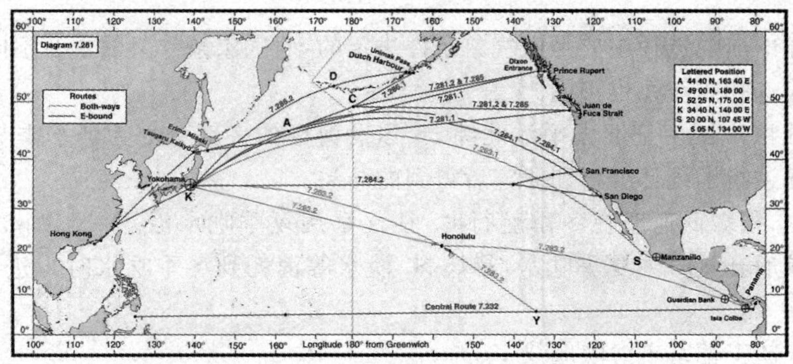

北太平洋航线示意图

1. 选择航线应考虑的主要因素

(1)本船条件。

(2)航行方向

一般东航是顺风顺流,选择航线时要考虑充分利用这些自然条件。西航则相反,主要是如何回避不利的自然条件。此外,理论上大圆航线航程最短,但如加上气象和海洋因素,航行总时间就不一定最短,因此在具体运用时要全面考虑。

(3)气象

北太平洋的气象特征主要有:

①由北太平洋高压、阿留申低压、赤道低压这三个恒定气压带形成的风。此外,还有由于季节的变化在大陆产生的气旋和反气旋形成的风。

②在北纬 35°～50°一带的西风带,从 12 月至翌年 2 月最显著。在 180°经线以东,平均风力为 5～6 级。180°经线以西,平均风力可达 6～7 级。3 月份起风力逐渐减弱,夏季海面基本平稳。冬季除了偏西大风外,还经常有从大陆来的气旋经过,所以几乎每天都有大风。

③大致从北纬 5°～25°,东经 150°到距加利福尼亚海岸约 200 n mile 的海域,受东北信风带影响,东部风向为东北,西部为偏东,风力一般可达 4～5 级,在夏威夷群岛附近常达 6 级或 6 级以上。

④航行中的天气预报，在西太平洋可收听日本台，在东太平洋可收听旧金山台，在170°E到160°W之间可收听阿拉斯加台和火奴鲁鲁台、关岛台，但这些地区因观测资料少，往往不太准确，因此在分析天气预报或天气图时要参考当地的天气和海面情况。

⑤冬季在北太平洋航行时，很少有测天的机会。

(4)海流

在北纬30°～47°、东经130°到西经150°区域内，有按顺时针方向回转的北太平洋环流。环流的北部为东流，从日本一直向东到加拿大哥伦比亚省沿岸，后折向东南到南，再折向西南。环流的南部为西流，横断太平洋一直到菲律宾东岸，其中大部分折向西北到北，称黑潮，经台湾省东部转向东北，再通过琉球西岸、日本南岸折向太平洋。在日本附近，黑潮的流程每天可达20～60 n mile。

(5)季节

北太平洋的航线选择主要是由气象条件决定的，而气象条件又因季节不同而不同，因此季节不同应选择的航线也不同。

在载重线区域图中把北太平洋北纬35°以北海区的大部分划为冬季季节航区，这也是对气象情况进行了统计分析和研究后得到的结果。

在实际中，很多低速船在冬季航行时，往往采用夏季吃水沿35°N以南的纬度圈航行。有的东航船开航时为夏季吃水，待燃料、淡水等消耗到冬季吃水时再进入冬季航区航线。

2.上海—胡安德富卡海峡航线

(1)东航

最短航程航线是航经对马海峡、日本海和津轻海峡，在驶离襟裳岬后放洋，以恒向线航线航至C点(49°N、180°)，然后再按恒向线航线直至胡安德富卡海峡入口处。航程约5080 n mile。

(2)西航

可用阿留申群岛的南侧航线和北侧航线，为避免逆流的不利影响及冬季高纬度地区的恶劣天气，冬季西行船还可航行于较低纬度的中纬航线。

①南线：从胡安德富卡海峡放洋取恒向线航经49°30′N、130°W，50°10′N、135°W，50°35′N、140°W，50°45′N、145°W，50°50′N、150°W，50°50′N、160°W，50°40′N、165°W，50°30′N、170°W，50°30′N、175°W和50°30′N、180°。到达180°经线后，根据季节选取某一恒向线航线：11月～翌年3月间，航经50°30′N、175°E，50°10′N、170°E，49°30′N、165°E，48°20′N、160°E，46°30′N、155°E，44°N、150°E；4～10月间，航经50°N、175°E，49°15′N、170°E，48°20′N、165°E，47°10′N、160°E，45°20′N、155°E，44°N、152°E。然后航经津轻海峡和对马海峡到上海。

②北线：从胡安德富卡海峡放洋取大圆航线至54°10′N、162°45′W，然后驶经乌尼马克水道到54°25′N、165°30′W，驶大圆航线至D点(52°25′N、175°E)，接驶大圆航线至43°40′N、147°E。然后航经津轻海峡和对马海峡到上海。紧靠阿留申群岛南侧通过的航线，总体上位于西风的北部，且整个航线几乎都受到西流的有利影响。该航线航经一俄罗斯管制区域(50°55′N、164°E与47°35′N、167°35′E之间，其详情可参阅《航路指南》)。

③中纬航线:从胡安德富卡海峡放洋先采用大圆航线航至 30°N、180°处,然后基本上沿纬度圈航行,通过鸟岛与须美寿岛之间,经大隅海峡到上海。航程约 5780 n mile。

3. 上海—巴拿马航线

(1)往航

①经朝鲜海峡、津轻海峡:航程最短。在驶离襟裳岬后放洋,按大圆航线航经瓜达卢佩岛的南方,至 28°40′N、118°20′W,然后再按恒向线航线直至 S 点(20°N、107°45′W),与美国沿岸航线连接,并沿该航线航行至巴拿马。航程约 8582 n mile、续航力至少为7500 n mile。

②经横滨:出长江口后,经大隅海峡,沿日本东南海岸去横滨外海。从 34°40′N、140°E按大圆航线航行至 20°N、107°45′W,然后沿美国沿岸航线航行至巴拿马。航程约 8716 n mile、续航力至少为 7680 n mile。

(2)返航

推荐的航线可以是按上述 2 反航向航行,但大部分受逆流的影响。最好采用途经关岛(13°27′N、144°35′E)到上海,即从巴拿马 8°53′N、79°30′W 起,驶经 7°28′N、80°W 后:

①驶大圆航线到 13°30′N、170°E,然后沿等纬圈航行到关岛,此航线可利用赤道流。航程 9830 n mile。

②驶经火奴鲁鲁(Honolulu,21°17′N、157°53′W)到关岛。从关岛出发,途经琉球群岛的 Nansei 水道后直驶上海。

4. 广州—新加坡(Singapore)航线

(1)中航路:自蚊尾洲灯塔正西 5 n mile 起航,穿过西沙群岛与中沙群岛之间,航行在南沙群岛的西面,至曼凯岛西面约 10 n mile 的地方,定位后对着新加坡海峡航行。航程约 1525 n mile。该航线的特点是高速船可全年使用,往返均可。但中速船较适合于 4～6 月使用。

(2)越南航线:自蚊尾洲灯塔正西 5 n mile 起航,向西沙群岛北礁西北 20～30 n mile 处航行,再向大岭角(华力拉角)东 25 n mile 航去,然后沿越南沿岸 10 n mile 左右航行到嘎那角(巴打浪角)东面,穿过秋岛与萨巴德岛之间,和斯考凡尔浅滩与察洛特浅滩之间,到曼凯岛西面约 25 n mile 处,最后对着新加坡海峡航行。航程约 1502 n mile。如果能见度不良,也可从萨巴德岛和察洛特浅滩东面绕航,航程仅增加约 15 n mile。该航线的特点是适合于中速船全年自广州去新加坡使用。夏季可避开西南季风的顶风逆流。而且在越南沿岸可利用顺流。

(3)东航路:从新加坡海峡出航,经曼凯岛西面后,航行至万安滩和双子群岛的西面 30 n mile 处,然后经过中沙群岛东面 30 n mile 处,去蚊尾洲。该航线的特点是适用于东北季风期间(10 月～翌年 3 月),由新加坡返航广州时采用,特别是对低速船推荐该航线。因为该航线的水流无疑是有利的。

(二)印度洋航线

印度洋航线主要特点是受季风(西南和东北季风)影响。航线示意图见下图。

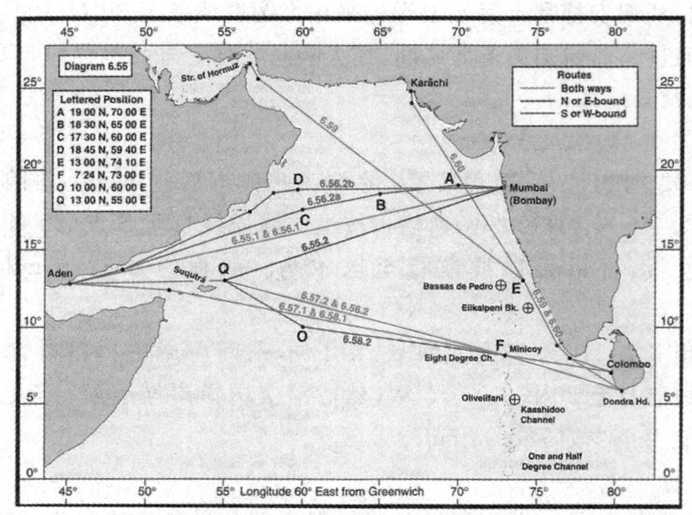

北印度洋航线示意图

1. 选择航线应考虑的主要因素

(1)气象

印度洋主要受季风影响。

①东北季风:冬季亚洲大陆冷高压向赤道低压带移动,形成东北季风。它在 10 月从阿拉伯海和印度西岸开始,逐渐向南延伸,到 12 月和 1 月为最盛期。所以阿拉伯海西部此时有风向固定、风力达 4~5 级的东北风。此期间印度沿岸空气干燥、天气良好。

②西南季风:夏季亚洲大陆受太阳强烈照射,产生宽广的低压区,形成从海洋吹向大陆的西南风。4 月开始从印度洋南部刮西南风,至 7 月达到最盛期。阿拉伯海西部最大风力平均达 6~7 级,但在 62°E 以东,9°N 以南风力较弱。西南季风期间一般多雨,能见度不良。

季风转换期为 4 月和 10 月。

③北印度洋热带偏东风很不明显。但南半球的盛行西风带,因陆地很少,比较发达,在 40°S 附近常达 11 级,有“咆哮西风带”之称。

④印度洋的热带低气压叫“气旋”。北印度洋气旋大都发生在 5、6 月和 10、11 月,源地在尼科巴群岛和马尔代夫群岛,进路为西北—北北西。南印度洋气旋大都发生在 11~翌年 5 月,源地主要是塞舌耳群岛,最盛期 1~3 月路经毛里求斯附近。

(2)海象

北印度洋的海流主要是季风皮流。

①冬季海流

北印度洋由于东北季风流形成逆时针的环流。在南印度洋南部也是逆时针的环流,但在北部还有一个顺时针的环流。

a. 东北季风流:在东北季风开始后一个月,即 12 月份在阿拉伯海和孟加拉湾开始形成反时针的东北季风流。近岸边是西南西或西南流,大洋中主要是偏西流,与北赤道流一致。它们在靠近非洲沿岸时左转变成南流,以后与赤道逆流连接。2 月以后,孟加拉湾和阿拉伯海北部沿岸会产生顺时针方向的回流。

b. 赤道逆流：在 3°S 附近有一股强大的向东海流。当靠近苏门答腊时，逐渐左转向东北，而后向北，在 5°N 附近向西接上东北季风流，形成冬季北印度洋的环流。

c. 南赤道流：在 10°～15°S 的南赤道海流西流，于马达加斯加岛东方分成两股，一股南下成为莫桑比克海流和厄加勒斯海流，强且稳定。另一股沿大陆东岸北上，与赤道逆流连接形成南印度洋北部的顺时针环流。南赤道流的另一股，沿马达加斯加岛南下，与西风漂流连接形成南印度洋南部的逆时针环流。

d. 西风漂流：在 40°S 附近是环绕全球的西风漂流东流。它流至澳大利亚西岸，其中一股北上成为西澳海流。这支海流至 20°S 附近汇入南赤道流。

②夏季海流

印度洋北部为顺时针环流，南部则仍是逆时针环流。

a. 西南季风流：在北印度洋的主流是偏东流。在阿拉伯海和孟加拉湾是东北流、东北东流或东南流。沿岸形成顺时针方向的流。

b. 赤道逆流：与西南季风流几乎一致。

c. 南赤道流：沿非洲北上的南赤道流，至 7°N 附近分成两股，一小部分向瓜达富伊角海岸流去，与阿拉伯海的东北流汇合，大部分转向索科特拉岛附近形成东流。所以夏季北印度洋形成顺时针方向的环流。

d. 西风漂流：与南赤道流仍形成印度洋南部的逆时针环流。

2. 新加坡—亚丁航线

(1)往航

出新加坡海峡后，从 Pulau Iyu Kechil 灯塔起航，过 Fair channel bank 和 Long Bank 之间的西北方，从一拓浅滩处通过至韦岛西方 5°49′N、95°E 处，然后驶恒向线至斯里兰卡南端的栋德拉头外侧，该处设有分道通航制。再通过加勒角航至米尼科伊岛灯塔南面 8°06′N、73°E 附近。然后：

①东北季风期(10 月～翌年 4 月)：从米尼科伊岛灯塔南方定航向，对着亚西尔角的瓜达富伊角灯塔航行，并以 10 n mile 距离绕过该岬角，直驶亚丁。

②西南季风强盛期：从米尼科伊岛灯塔南方定航向，到索科特拉岛东北方 13°10′N、54°50′E(距岛约 40 n mile)处，然后直航亚丁。

为避开阿拉伯海的强风，也有从米尼科伊岛灯塔南方，经8°N、60°E，再通过索科特拉岛东北方，驶往亚丁的备选航线。

③西南季风期的低速船航线：通过八度海峡后，航至 6°N、67°E，然后沿等纬圈航至 60°E，再经过 8°N、52°40′E 驶向瓜达富伊角灯塔，最后绕过亚西尔角直驶亚丁。

米尼科伊岛灯塔易识别，其南方水很深，北方有暗礁。夏季在索科特拉东部有很强的偏东流，有时很不稳定，且能见度不佳，不宜靠近该岛。东北季风时，航线应从索科特拉岛南方通过，西南季风时则从其北方通过，以策安全。

(2)返航

①通过索科特拉岛南方(10 月～翌年 4 月)：从瓜达富伊角外海(12°25′N、50°30′E)驶向八度海峡 8°06′N、73°E。然后驶恒向线经栋德拉头南方 5°50′N、80°36′E 至韦岛，再经

马六甲海峡到新加坡。

②通过索科特拉岛北方（5～9 月）：出亚丁港，通过索科特拉岛北方，经 13°10′N、54°50′E到米尼科伊岛南方 8°06′N、73°E，然后经栋德拉头南方至新加坡。如果出索科特拉岛转向受横风较大，可改驶孟买方向，待经过 62°E 之后再转向八度海峡。

③出亚丁港后，经瓜达富伊角沿非洲海岸南下至哈丰角后，改驶 070°～080°航向，经 62°E 之后驶向八度海峡去韦岛。

④低速船也可经哈丰角后南下直插一度半海峡，再驶向韦岛。

（三）北大西洋航线

在 1960 年国际海上人命安全公约中对北大西洋协定航线作了规定，冰区是航线的主要特点。航线示意图见下图。图中可见，BS 点和“Cape Race”是美洲东海岸和欧洲水域间航线的两个集散点。

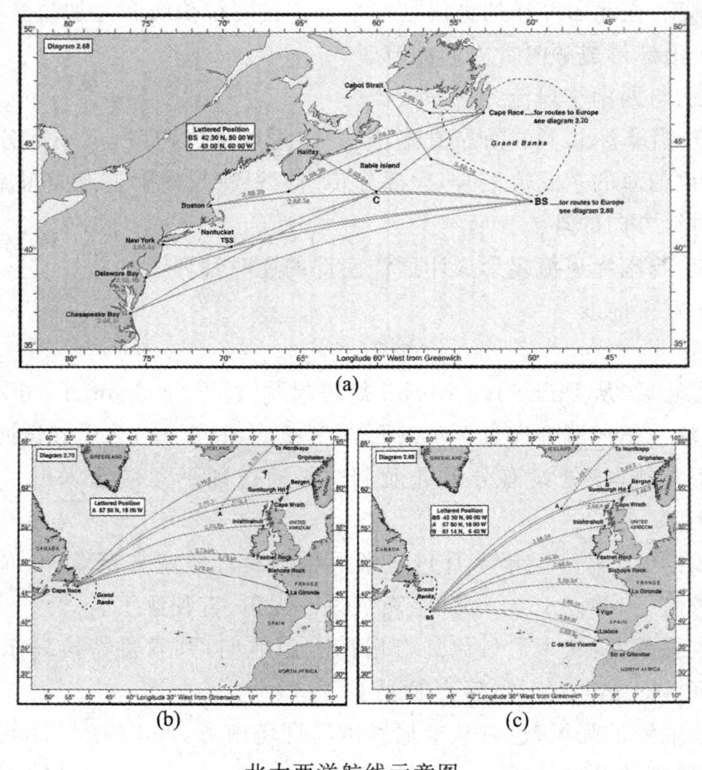

(a)

(b)　　(c)

北大西洋航线示意图

1. 选择航线应考虑的主要因素

（1）气象

北大西洋的低压整年在冰岛、格陵兰和加勒比海附近，高压则在亚速尔群岛南方，呈东西约 600 n mile、南北约 300 n mile 的椭圆形。其中心在冬季约位于 38°N、39°W，夏季约在 36°N、32°W。

①风系：中纬度高压区和赤道低压带之间，整年吹热带偏东风。中纬度高压区以北是偏西风带。

②低气压：北大西洋的低气压，一般由纽芬兰南面向东北东方向通过苏格兰北部，有时向英吉利海峡方向袭去，它随亚速尔高压区的强弱而异。冬季发生的低气压异常猛烈，船舶难以航行。

北大西洋的热带低气压叫“气旋”。它与北太平洋的台风一样，大都产生在10°～20°N、40°～70°W的地方，其路径大约是在17°N以南向西—西北方向移动，在20°N～30°N、75°W附近转向，然后向北—东北方向挺进。

③雾：北纬40°以北海域几乎整年有雾，特别是在7月份，纽芬兰以东经常有浓雾。在40°～50°N、48°～55°W地方雾日约有45%，在它的南方与东方则显著减少，至35°N以南几乎没有雾。

(2)海象

①北大西洋环流：北赤道流的主流在15°～20°N之间，西流至西印度群岛后转向东北成墨西哥湾流，在45°N、30°W附近分成两股。南方一股东进至欧洲沿岸，成为葡萄牙海流，经非洲沿岸向西南流去，成为加那利海流，然后接上北赤道流。北方一股也就是北大西洋海流，向东北—东北东方向流到英国和挪威沿岸。这个环流在佛罗里达半岛附近的流速大约1.3～4 kn；在北美沿岸大约0.5～2 kn；在这以后只有0.5～1 kn左右。

②拉布拉多寒流：从北极圈每天以6～20 n mile的速度南下，至纽芬兰海岸的东方与墨西哥湾流汇合，对雾的发生和冰山漂流影响很大。

③冰山：在格陵兰西部海岸有100多条冰河，每年流向大海的冰山达7000座之多。这些冰山一部分随东格陵兰寒流或拉布拉多寒流沿拉布拉多海岸南下，在纽芬兰海岸东边与从西南方向来的墨西哥湾流混合，在暖风和暖水中融化。在那里，拉布拉多寒流水温只有0.5～2 ℃，而墨西哥湾流水温竟达15 ℃。

在纽芬兰海岸附近，4、5、6月经常有冰山出现，其中以5月份为最多，曾流到39°N以南海域，7月开始减少，11月～翌年1月则比较稀少。

④波浪：北大西洋的波浪，从12月到1月，以55°N、22°W为中心的地区为最甚，波高4 m的出现率可达40%，多为SW→NW向。

2.航线

在西北欧至北美的航线上，要经过纽芬兰大滩附近。那里由于是墨西哥湾暖流和拉布拉多寒流的汇合处，整年发生浓雾，夏季冰山漂流，且渔船很多。为了避免这些不利条件，防止碰撞，曾由有关国家轮船公司协商定出不同季节、往返欧美之间的协定航线。并在1960年《国际海上人命安全公约》对协定航线作了规定。

由于大滩附近是世界上最繁忙的航路之一，同时也是最危险的航路之一。浮冰、冰山经常出没于此，浓雾常见，低气压通过此地常有大风，加上渔船众多，油气和矿产开发平台渐增。因此，1974年，国际海上人命安全会议忠告所有船舶，应尽可能远离大滩，远离43°N以北的纽芬兰渔场，远离冰山危险水域。国际冰山巡逻服务忠告，在4月中旬之前不应进入45°30′N以北的冰山危险区。因此，欧美往返航线推荐经过大滩之南42°30′N、50°00′W处。

项目三　确定船位

任务一　陆标定位

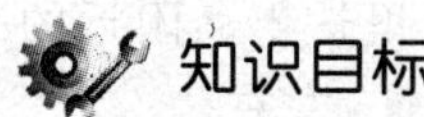

知识目标

1. 掌握陆标的识别方法,测定陆标方位和距离的方法。
2. 熟练掌握方位定位和距离定位的方法以及提高定位精度的方法。
3. 熟悉位置线的转移方法,了解影响移线船位精度的因素。

能力目标

1. 能够运用方位定位和距离定位测定实时船位。
2. 能够根据海图识别出各个陆标。

任务描述

本任务主要通过借助雷达或罗经等仪器设备进行陆标的识别和定位,确保船舶航行在计划航线上。

知识准备

陆标(Landmark)是指海图上标有确切位置的、可供船舶目视观测或者雷达观测的、能用以导航和定位的物标的统称,如灯塔、山头、岛屿、立标及其他可供定位、导航的显著物标。陆标定位(Fixing by Landmark)就是测定船舶与陆标之间的某种位置上的相对关系(如方位、距离等),从而根据已知物标的位置和观测值求得本船位置的方法与过程。陆标定位主要有方位定位、距离定位、方位距离定位和移线定位等方法。在离岸不太远的海域航行时,陆标定位是一种简单、可靠的定位方法。用陆标定位方法得到的船位叫作"陆测船位"。海图作业时,陆测船位的符号为"⊙",代号 TF。

为了确保在海上准确地进行陆标定位,船舶驾驶员必须做到掌握识别物标的方法和能够熟练地运用各种定位手段。但是,任何一种测量或观测都不可避免地存在误差,因此，观测船位也会存在一定的误差。驾驶员的任务不仅仅是要测定船位，还应懂得如何提高观测质量，并能合理地估计所测船位的精度，以及掌握提高观测精度的一般知识和方法，有效地使用能提高精度的定位方法。

本任务讨论的是利用陆标测定船位的一般原理和方法，以及估计所测船位精度和提高船位观测精度的方法。

一、识别陆标

陆标定位，首先应做到正确地识别陆标。孤立的或形状特殊的物标是比较容易识别的。沿岸的灯塔，夜间可以根据灯质识别；白天则可以根据设置灯塔的山头、岛屿以及灯塔的形状、结构、颜色等特点进行识别。然而对于形状、高度等无显著差异的连绵山头，识别它们就有一定的困难，而且从船上看时山头的山形和大小是随着船与物标之间方向与距离的变化而变化的。

这里介绍几种常用的识别方法。

（一）利用对景图识别

对于重要的山头，例如位于入海口、江河口附近或大洋航线转向点附近的山头，常在《航路指南》或较大比例尺的海图上附有它们的照片或草绘图，称为“对景图”，并在图下方注明能从海上看到图示山形的方位和距离。当船舶航行至该方位和距离附近时，可看到与对景图非常接近的实际山形，以便辨认物标。图 3-1-1 是伊良湖水道的对景图，图(a)是在水道的南方 9.25 n mile 向北看（方位 350°）所见到的山形；图(b)是在水道的东方 18 n mile向西看（方位 276°）所见到的山形。

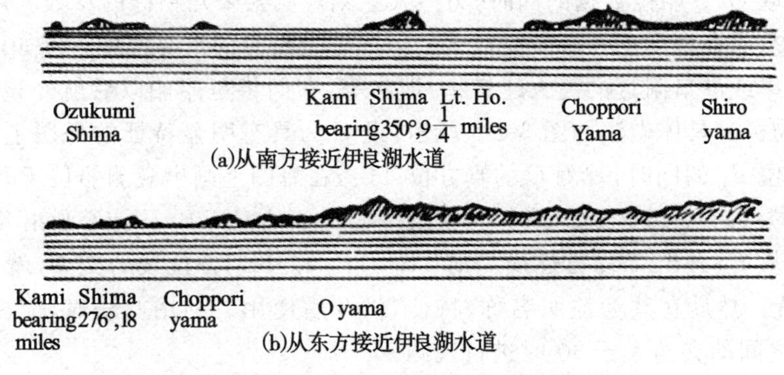

图 3-1-1 伊良湖水道的对景图

（二）利用等高线识别

在经过精测的大比例尺（大于 1∶150000 的沿岸航行图和港湾图）海图上，山形是用等高线描绘的。等高线越密，表明山形越陡；等高线越疏，山形越平坦。因此，可根据不同层次的等高线判断出山、岛的形状；也可根据等高线画出山形草图，以帮助识别物标。图 3-1-2 是依据小岛的等高线画出的山形图，当船舶航行在岛的南方时可画出 a 图的山形（方位 000°），航行在岛的东南方时可画出 b 图的山形（方位 315°）。

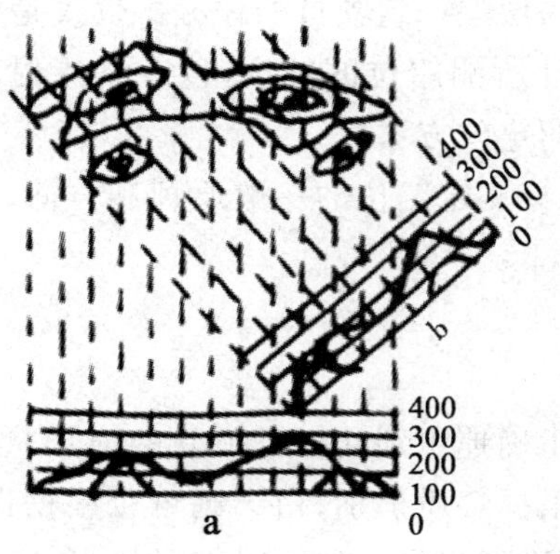

图 3-1-2 用等高线画山形图

(三)利用准确的船位识别

在取得准确的船位数据(例如用罗经观测已知物标的方位时、用雷达测定已知物标的距离或读取 GPS 给出的船位数据时)的同时,立刻用罗经(或雷达)观测欲辨认的未知物标的方位或距离。在海图上画出观测船位后,从观测船位处画出所测的未知物标的参数线,则该参数线一般会通过该未知物标。例如,用罗经首先观测两三个已知物标的方位,同时立刻测出前方未知物标的方位。在海图上先根据已知物标的方位定出船位,然后从船位画出所测的未知物标的真方位 TB,一般此 TB 线会通过某一未知物标(若海图上有该物标)。但若无法确认,可在第二次定位时重复这一过程,则前后两个船位画出的 TB 线的交点基本就是欲确认的未知物标(见图 3-1-3)。当用 GPS 定位时,可由两人配合进行,在一人读取 GPS 船位数据的同时,另一人立刻观测某未知物标的参数。用这一方法,在船舶航行中,可在海图上补画某些显著的但海图上没有的重要物标。例如,海上的石油钻井平台,沿岸或港口附近的高大建筑物、烟囱等,它们将是船舶以后航经该地区时很好的定位参考物标。具体做法如图 3-1-3 所示,设 C 为具有明显特征的海图上未标注的物标,在测定船位 F_1 的同时,观测 C 的真方位 TB_1,在海图上画出观测船位 F_1 后,从 F_1 处画出 TB_1 方位线;待测定船位 F_2 时,再次观测 C 的真方位 TB_2,从 F_2 画出 TB_2 方位线;同样的方法,从 F_3 画出 TB_3 方位线。则 TB_1、TB_2 和 TB_3 方位线的交点,就是 C 物标在海图上的位置。然后在其旁注明名称、特征,供今后使用。利用此法时,应注意在 TB_1、TB_2 和 TB_3 之间的夹角大于 30°时进行观测。

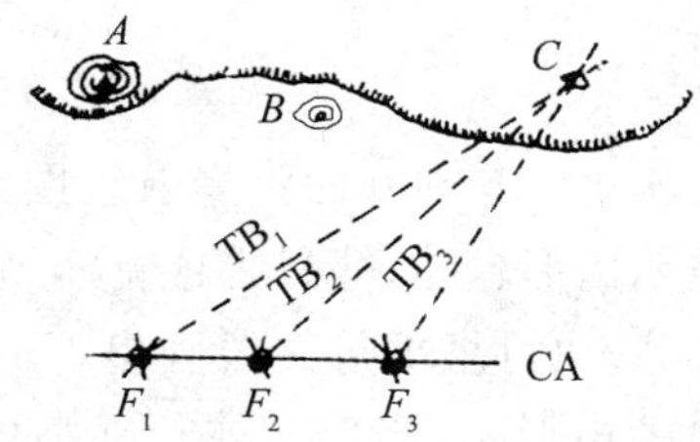

图 3-1-3 利用已知物标辨认未知物标

二、方位定位

方位定位是通过利用罗经或雷达观测两个或两个以上陆标的方位测定船位的方法，又称为“方位交叉定位”(Fixing by Cross Bearings)。由于其观测方法简单，用时较短，海图作业又较容易，因而是有陆标可见时的最基本和最常用的定位方法之一。

(一)两方位定位

1. 定位方法

用罗经或雷达同时观测两个物标的方位后，将它们换算为真方位，并在海图上从各被测物标画出方位位置线，则它们的交点 F 即为观测时刻的观测船位(见图 3-1-4)。

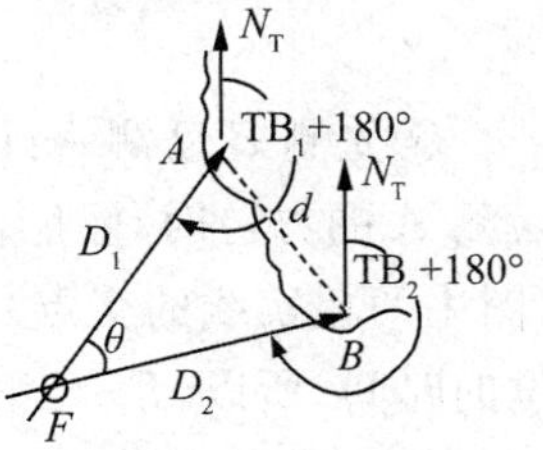

图 3-1-4 两方位定位方法

2. 物标的选择和观测顺序

两方位定位，只能得到两条方位船位线，它们的唯一交点就是观测时刻的观测船位。为了提高两方位定位的精度，除了注意尽量减少观测误差和尽可能同时观测外，还应该注意下述几个方面：

(1)物标的选择

海图上所标示的各种物标，其精确程度并不相同。在观测定位前，若物标选择得合适，可以大大减少船位误差。因此，在选择物标时应注意：

①选择正确物标。要选择显著的、经过精测的、容易辨认的且有显著观测点的物标，如灯塔、有尖峰或峭壁的孤岛以及海图上标有“△”符号的山峰等。这样既便于将物标同海图对照辨认，又可以保证观测点的海图位置准确。在无精测的物标可供观测时，应选择以实线绘出等高线的山头和选择较高、较陡的山头，而不应采用等高线是以虚线或影线画出的或较低、较平坦的山头。

②选择近距物标。由船位线误差公式 $E=m_B D$ 可知，当有同样大小的方位观测值误差 m_B 时，船距离物标越远，方位观测值误差引起的船位线误差 E 将越大。因此，有条件时，要选测近距物标的方位。

③选择交角较好的物标。由船位误差公式 $M=\frac{1}{\sin\theta}\sqrt{E_1{}^2+E_2{}^2}$ 可知，当两船位线误差确定后，船位误差 M 仅与两方位线间的夹角 θ 有关。因此，用两物标方位定位时，两方位线间的夹角最好在 90°左右，至少应大于 30°而小于 150°，考虑到系统误差，以 30°～90°为宜。

(2)观测顺序

观测定位时，理论上要求两条位置线同时测定，但实际上很难做到。对两物标不能同时观测，所画的船位就会产生误差，而且两条位置线的观测间隔时间越长，船位误差越大。为了减少船舶航行中不同时刻观测所产生的定位误差，除正确使用观测仪器，提高观测速度外，正确地掌握两物标的观测顺序，也能在一定程度上减小观测船位的误差。

如图 3-1-5 所示，A、B 为两个将被观测的物标，A 处于船舶的正横附近，B 处于船舶的首尾线方向附近，Q_A、Q_B 分别为它们的近似舷角。设 M_1、M_2 为第一次观测和第二次观测时刻的实际船位，则有两种观测顺序：先测 B 后测 A 和先测 A 后测 B。

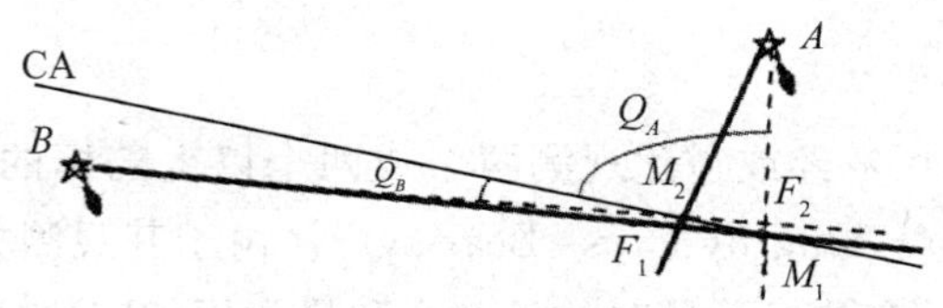

图 3-1-5 观测顺序与船位误差

①先测 B 后测 A：设当船舶位于 M_1 时，用罗经先观测 B 的方位得 M_1B 方位船位线，后测 A 的方位时，船舶已航行到了 M_2 点，得 M_2A 方位船位线。此两船位线的交点 F_1（图中两粗实线的交点）是观测船位。因为船舶驾驶员习惯上是以第二次观测时刻作为定位的时间，所以，F_1 与第二次观测时刻的实际船位 M_2 之间的距离 F_1M_2 就是由于先测 B 后测 A 引起的船位误差。

②先测 A 后测 B：若先测 A 后测 B，则得到 M_1A 与 M_2B 的方位船位线（图中两细虚线）。它们的交点 F_2 是观测船位。图中可见，以第二次观测时刻确定船位时，F_2M_2 是由于先测 A 后测 B 引起的船位误差，显见，F_2M_2 明显大于 F_1M_2。

因此，若以第二次观测时刻确定船位，应先测船舶的首尾线附近的物标方位，即方位变化慢的 B 物标，后测正横附近的方位变化快的 A 物标。

但若需要以第一次观测时刻确定船位，则观测顺序应相反。

在夜间或物标不易被观测时，要遵循先难后易、缩短两次观测的间隔时间等原则，应该先观测比较难测的灯标，如闪光的、灯光周期长的、光力弱的灯标；后测比较容易测的灯标，如定光的、灯光周期短的、光力强的灯标。

（二）三方位定位

1. 三方位定位及其精度

两方位定位的方法虽然简单，但无论是否认错物标，海图上的物标位置是否准确，观测方位是否有误，在一般情况下两条方位船位线总会相交于一点，因而两方位定位有时不易发现可能存在的差错。因此在条件许可时，应尽可能同时观测三个物标的方位进行定位。

三方位定位，是利用视界内可用于定位的三个物标，同时测定它们的方位，画出它们的三条方位船位线，三条方位船位线的交点（或小三角形经处理后）就是观测时刻的三方位船位。

根据公式可知，为了减小三方位观测船位的误差，应尽量选择较近的物标和选择方位夹角在 120°（或 60°）左右的两个相邻物标，而不宜选用夹角小于 30°或大于 150°的物标。

2. 船位误差三角形的处理

在大比例尺海图上，三条方位位置线一般都会形成一船位误差三角形。

（1）小随机误差三角形的处理

如果在大比例尺航海图上所得的船位误差三角形每边都不超过 5 mm，一般可以认为这是由位置线中存在着的合理的随机误差引起的，此时可以认为船位在误差三角形内靠近大角短边处［见图 3-1-6(a)］。根据这一原则，如果船位误差三角形近似为等边三角形，船位可选在三角形的中心点；如果误差三角形近似为等腰三角形，船位可选在底边中央附近[见图 3-1-6(b)和(c)];如果误差三角形近似为直角三角形,船位可选在直角附近[见图 3-1-6(d)]。但在实际定位中,除了随机误差之外,可能还有系统误差的影响,真正的船位并不一定在误差三角形之内,它也可能在误差三角形之外。

(2)大随机误差三角形的处理

如果船位误差三角形较大,应检查并确认所选物标,然后重新进行观测,重新定位。若该误差三角形是由于粗差所造成的(例如认错物标、读错方位等),一般在重复观测中可发现和纠正,变为合理的小误差三角形。而如果在短时间内重复观测后,船位误差三角形的大小、形状几乎不变或有规律变化,则可认为误差三角形主要是由观测中的系统误差所造成,可按系统误差处理。但若三角形虽未能显著缩小,但其大小、形状变化却无规律,当确认不存在粗差时,可以认为误差三角形主要是由观测中存在较大的随机误差造成的。这时最好采用其他有效的定位方法来核对,判断最有可能的船位。当前方有危险物时,应该把船位设想在三角形中最可能引起航行危险的一点,即观测船位的确定应考虑对船舶安全航行最有利。如图 3-1-7(a)所示,a 点对安全最有威胁,设想 a 为观测船位,可及时采取措施安全避开沉船;(b)图中,设想 b 为观测船位,则实际船位不管在 a 点还是 c 点,船舶都能在实际通过沉船后安全转向,对船舶安全航行最有利。

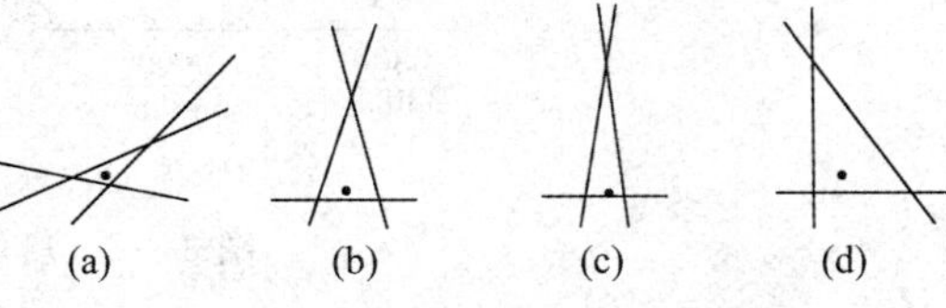

图 3-1-6 小随机三角形的处理

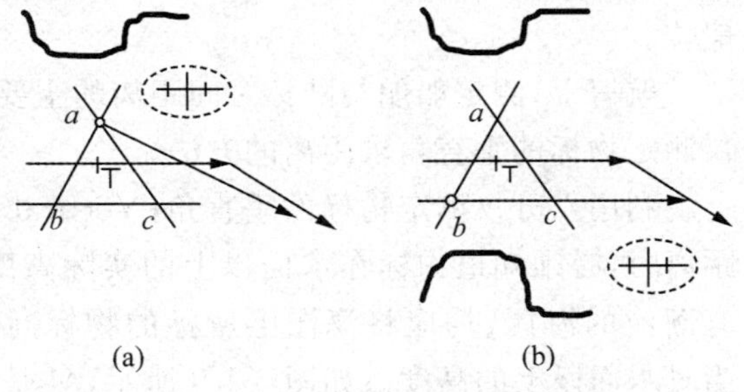

图 3-1-7 附近有危险的船位处理

(三)船位差

1. 定义

同一时刻的推算船位到观测船位的方向和距离,叫作“船位差”(Position Difference)或叫“位差”,代号为 ΔP。

在海图作业时,进行观测定位的同时,必须在海图上画出对应时刻的推算船位。系统地比较、分析同一时刻的推算船位和观测船位之间的差异,对总结经验、提高航海技术、保证航行安全是十分重要的。

2. 船位差的处理

在一般情况下,观测船位的精度要高于推算船位,但航海者也常常用推算船位来检查观测船位中是否存在粗差。因此,当船位差 ΔP 不大时,一般不作处理,继续按计划航线进行航迹推算(见图 3-1-8)。当船位差较大时,切不可以主观臆断是何者准确,而应该重复观测定位,分析检查推算和定位中可能存在的问题并纠正之。若之后的船位差仍然较大,又觉得按原计划航线继续航行已不合适,并且此前的一系列观测船位也比较可靠,经船长同意后,可进行船位转移。即从最后的观测船位重新画出新的计划航线,以此观测船位作为新的推算起点,并在海图上从对应时刻的推算船位画一曲折线连接观测船位。同时,应该将船位差 ΔP 的方向和距离记入航海日志中,如图例的 ΔP:045°～8′.5。

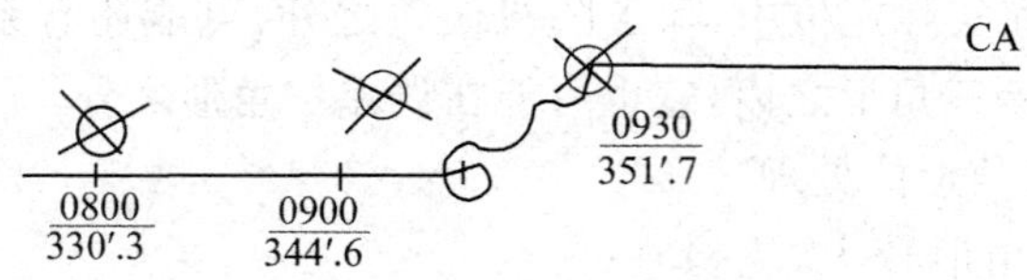

图 3-1-8　船位差与船位转移

特别是在大洋航行中长期进行航迹推算后，当船舶接近海岸测得第一个陆标船位时，必须对船位差 ΔP 进行分析，以确认观测船位。

三、距离定位

距离定位(Fixing by Distances)是同时观测两个或两个以上的陆标与船舶之间的距离进行定位的一种方法。观测者同时测得两个或两个以上的陆标距离，在海图上以被测物标为圆心、所测距离为半径画出两条或两条以上的距离位置线，它们的交点就是观测船位。

航海上，测定船舶与陆标之间距离的主要仪器有六分仪和雷达。这里只讨论用六分仪测定物标的垂直角求距离的方法。

利用六分仪测定物标的垂直角(Vertical Angle)求距离时，必须知道物标在水面以上的实际高度，一般在有潮汐的海区，均应将海图上所标的物标高程修正到当时水面以上的高度。如图 3-1-9 所示，M 是所测物标的顶点，$MB=H$ 是物标在水面上的实际高度。若测者的视点在海平面上 A 点，用六分仪测得物标 M 的垂直角为 $\angle MAB=\alpha$。从直角三角形 MAB 中可以得到测者到物标垂足 B 之间的距离：

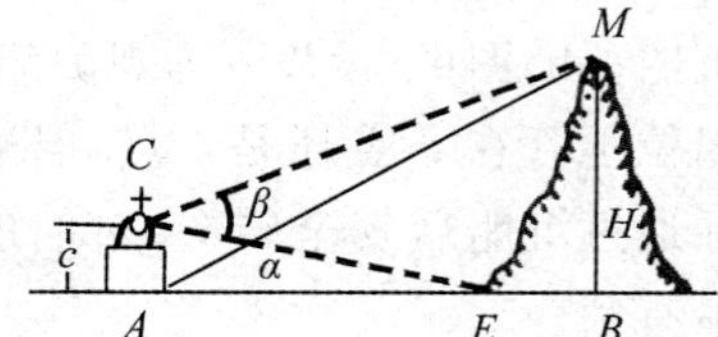

图 3-1-9　测垂直角求距离

$$D=AB=H\cot\alpha$$

若高度 H 以米为单位，距离 D 以海里为单位，则上式可写为：

$$D(\text{n mile})=\frac{H(\text{m})}{1852}\cot\alpha$$

一般海上观测物标的垂直角 α 都比较小，如果用角分为单位来表示 α 的角度，则可认为：

$$\tan\alpha=\alpha'\text{arc }1'=\frac{\alpha'}{3438}$$

因此，上式又可写为：

$$D(\text{n mile})=\frac{3438}{1852}\times\frac{H(\text{m})}{\alpha'}\approx1.856\,\frac{H(\text{m})}{\alpha'} \tag{3-1-1}$$

在推导上述公式时，忽略了地面蒙气差和地面曲率，并假定测者眼高 e 等于零，以及物标顶点的垂足在岸水线上。但实际上测者眼高 e 不可能等于零，物标顶点的垂足(见图

3-1-9 中的 B)一般也不会位于岸水线 E 点,即物标的被观测面有坡度。因此,测者实际观测到的物标垂直角是$\angle MCE$,而不是$\angle MAB$。当用$\angle MCE$ 代替$\angle MAB$ 时,按上述公式求出的距离 D 存在误差。根据证明,只要满足 $D \gg H > e$ 和 $H > BE$ 的条件,D 的误差将小于 $3e$。因此,在选择物标测量垂直角求距离时,应选择物标比较高、被观测面陡、垂足在测者能见地平内的物标。

四、单物标方位、距离定位

(一)方位距离定位

在航海实践中,由于航行条件错综复杂,往往需要驾驶员综合利用各种不同性质的船位线来确定船位,而且这样做往往也会带来很大的方便和优点。本任务仅介绍利用单物标的方位和距离进行定位的方法。这是航海上常用的定位方法之一。

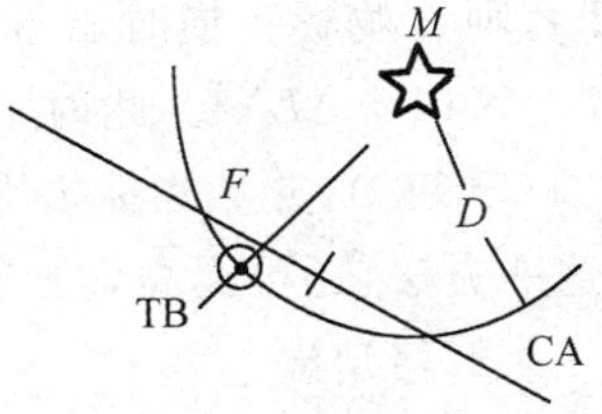

图 3-1-10 方位距离定位

同时观测某一物标的方位和距离,可以得到同一时刻的方位船位线和距离船位线,它们的唯一交点就是观测时刻的船位 F(见图 3-1-10)。

观测同一物标的方位和距离进行定位的方法(Fixing by Bearing and Distance),一般有雷达方位距离定位、灯塔的灯光初显或初隐距离方位定位,以及垂直角距离方位定位等。

单物标方位距离定位的最大优点在于:位置线的交角 θ 始终等于 90°。因此,单物标方位距离定位的船位误差完全取决于观测方位和观测距离的精度,以及船与物标的远近。其缺点是与其他的定位方法相比,物标的辨认错误或其他粗差更不易被发现。

(二)无风流条件下观测特殊舷角转化成方位距离定位

特殊方位移线定位是指在无风流的情况下,利用某些特殊条件使单物标方位移线定位转化为单物标方位距离定位,以简化移线过程。

如图 3-1-11 所示,船舶航行中在不同时刻两次观测同一物标 M 的舷角分别为 α 和 β。如果两次观测时间内的船舶计程仪航程为 S_L,则船舶在第二次观测方位时到物标的距离 D 和物标正横时船到物标的距离 $D_\perp$ 可由下面的公式求得,即

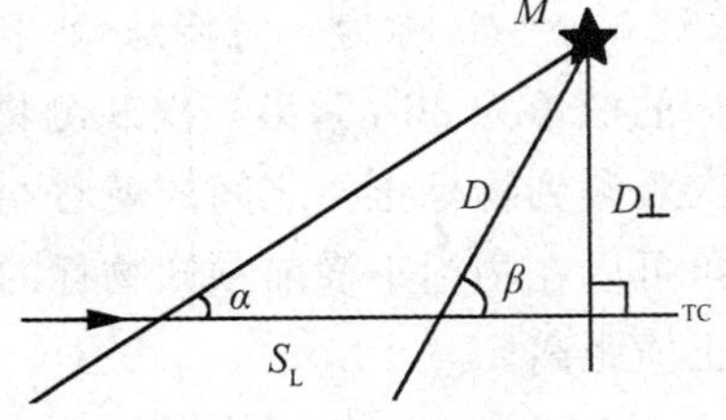

图 3-1-11 特殊方位移线定位

$$D=\frac{S_L \sin\alpha}{\sin(\beta-\alpha)} \tag{3-1-2}$$

$$D_\perp=\frac{S_L \sin\alpha \sin\beta}{\sin(\beta-\alpha)}=\frac{S_L}{\cot\alpha-\cot\beta} \tag{3-1-3}$$

当 α 和 β 符合某种特殊关系时,D 和 $D_\perp$ 能方便地求得。这样,第二次观测物标舷角时的船位,可以在第二次观测的方位船位线上,从物标量取 D 得到;物标正横时的船位,可以在物标的正横方位线上,从物标量取 $D_\perp$ 得到。

航海上常用的特殊方位移线定位法,主要有以下几种:

1. 四点方位(Four Points Bearing)法

若控制物标的观测时间,使物标的第一个舷角 α 等于 4 个罗经点,即 $\alpha=45^\circ$,而第二次观测的物标舷角 β 等于 90°,这时显然有 $D_\perp=S_L$,即物标的正横距离 $D_\perp$ 等于两次观测之间的计程仪航程 S_L。实际应用时,可以在驾驶台某固定位置 A,事先选定使 AB 连线与船首线相交成 45°角的船舶舷墙上的某固定设备 B(如羊角、铃圈等)。如图 3-1-12 所示,在航行中,测者在 A 点观看物标(如灯浮)L 与所选择的 B 处于一直线时,物标舷角等于 45°,此时记下时间和计程仪读数 L_1,等到 L 正横时再记下时间和计程仪读数 L_2,则 L 物标正横时船与 L 的距离等于两次观测间的 $S_L[(L_2-L_1)\times(1+\Delta L)]$。此时,只要在海图上画出物标的正横方位线(TC±90°),并从物标 L 量取 S_L 即得移线船位。如果经常使用这一方法,还可提高驾驶员对物标正横距离的估计能力。

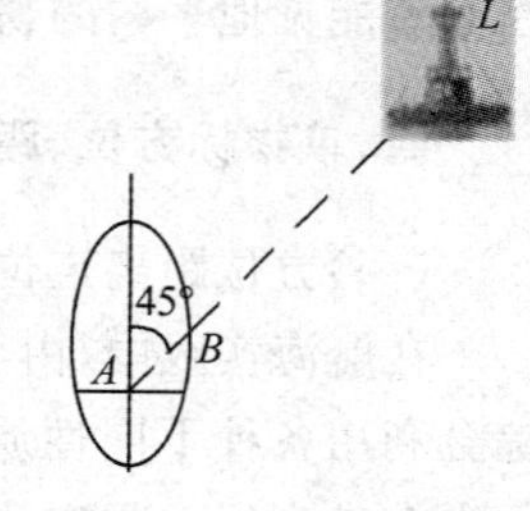

图 3-1-12　四点方位法

2. 倍角法

由式(3-1-2)和式(3-1-3)知,当 $\beta=2\alpha$,即第二次观测物标的舷角 β 等于第一个舷角 α 的二倍时,有:

$$D=\frac{S_L\sin\alpha}{\sin(\beta-\alpha)}=\frac{S_L\sin\alpha}{\sin(2\alpha-\alpha)}=S_L$$

$$D_\perp=\frac{S_L\sin\alpha\sin\beta}{\sin(\beta-\alpha)}=\frac{S_L\sin\alpha\sin\beta}{\sin(2\alpha-\alpha)}=S_L\sin\beta$$

例如,$\alpha=30^\circ$,$\beta=60^\circ$,则第二次观测物标时船与物标 L 之间的距离 D 等于两次观测期间的计程仪航程 S_L。因此,第二次观测时刻的船位,可以在第二方位(TB=TC±β)位置线上,从物标 L 量取 S_L 得到。物标正横时的船位,可以在物标正横方位线上,从物标量取正横距离 $D_\perp=S_L\sin\beta$ 得到。

3. 特殊角法

由式(3-1-3)知,当 $\frac{1}{\cot\alpha-\cot\beta}=1$ 时,必有 $D_\perp=S_L$,航海上将符合此关系式的 $\alpha=26^\circ.5$、$\beta=45^\circ$ 称为一对特殊角,利用该特殊角能方便地确定正横船位,即当第一次观测物标的舷角为 26°.5,第二次观测物标的舷角为 45°时,$D_\perp=S_L$。又因为 $\beta=45^\circ$,所以第二次观测到物标正横之间的航程与物标正横距离相等,也等于 S_L。因此,使用这一对特殊角可以在物标正横前预知物标的正横距离,同时又可以用四点方位法检查和验证物标的正横距离。

上述特殊方位移线定位方法都是在无风流的情况下进行的,在有风流影响的情况下采用上述方法将会产生误差。

职业能力训练

训练目标

能够运用圆规、平行尺、三角板等工具进行各种方法的定位。

情境描述

我船处于图 3-1-13 中 7 位置处，请利用多种方法进行准确定位。

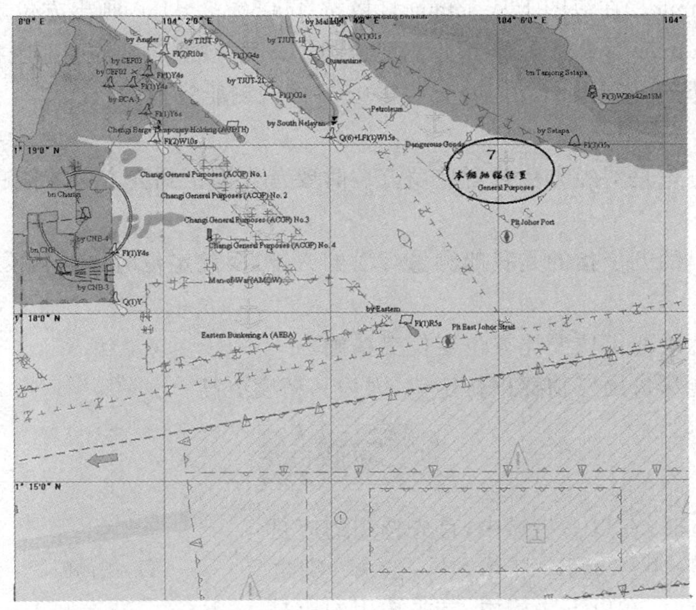

图 3-1-13　职业能力训练图

工作流程

利用位置 7 周边的 changi 和 setapa 灯塔进行多种方法定位。

1. 两方位定位

观测两个物标的方位定位我船 1000 用陀罗经同时测得 changi 灯塔 GB272°. 5，setapa 灯塔 GB036°，陀罗差为＋1°. 5。船舶测得两个物标的陀罗方位后，应该改正陀罗差 ΔG 后求取对应的两物标的真方位 TB(＝GB＋ΔG)，才能在海图上从物标按 TB±180°画出观测位置线，即 changi 灯塔 TB＝272°. 5＋1°. 5＝274°，setapa 灯塔 TB＝036°＋1°. 5＝037°. 5。从 changi 灯塔画出 274°—180°线便得到 274°的方位船位线，在此船位线上观测 changi 灯塔的 TB 即为 274°。以相同的方法，从 setapa 灯塔画出 037°. 5＋180°线便得到 037°. 5 的方位船位线，在此船位线上观测 setapa 灯塔的 TB 均为037°. 5。显然，由于对两物标进行了同时观测，所以观测时刻的船位既在 changi 的船位线上，又在 setapa 灯塔的船位线上，则它们的交点便是。

2. 两距离定位

我船用雷达同时测得 changi 灯塔和 setapa 灯塔的距离分别为 D_B＝5. 6 n mile 和 D_A＝14. 8 n mile。在海图上以 changi 灯塔为中心，5. 6 n mile 为半径画圆，得距离船位圆，观测时刻的船舶在此圆上。以 setapa 灯塔为中心，14. 8 n mile 为半径画圆，得另一距离船位圆(只要画出其在推算船位附近的一段圆弧即可)，观测时刻的船舶在此圆上。显然，观测时刻的船位在 changi 灯塔和 setapa 灯塔两船位圆的交点上。由图可见，两船位圆相交有两个交点，其中靠近推算船位的一个交点为观测船位。

3. 单物标方位距离定位

我船 0800，计程仪读数 325′.0，用雷达同时测得 setapa 灯塔的 GB051°.8（$\Delta G=-1°.5$），距离 $D=7.6$ n mile。在海图上从 setapa 灯塔按 TB050°.3±180°画出方位船位线。再以灯标为中心，7.6 n mile 为半径画圆，得距离船位圆。显然，观测时刻的船舶既在此方位船位线上，又在距离船位圆上，因此，它们的交点是 0800 的观测船位。

注意事项

1. 给出的方位是罗经方位或者陀罗方位时要首先修正到真方位才能在海图上进行方位定位。

2. 船上给出的方位指的是我船测量灯塔的方位，因此定位时要画其反向线。

总结

1. 利用雷达距离定位要比方位定位更精确。

2. 如若可能尽量用三物标进行定位，因为其精度更高。

习题

1. 陆标定位时，在以下物标中，首先选用的应是　（　　）

A. 灯塔　B. 灯浮　C. 岬角　D. 山峰

2. 陆标定位时，在以下物标中，首先选用的应是　（　　）

A. 树木茂盛的大岛　B. 显著岬角

C. 平坦小岛　D. 灯浮

3. 某船夜间航行，航向 002°，海图上在航线右正横附近距本船约 7′.0 处有一灯塔标注，查灯标表得该灯塔的备注栏：W220°～320°(100°)，该船驾驶员欲用右舷罗经观测该灯塔却未能找到该灯塔，是因为　（　　）

A. 灯塔已不发光

B. 灯塔距船太远

C. 灯塔是弱光灯

D. 本船不在该灯塔的光弧范围内

4. 在海图对景图下标有“方位 180°，14 n mile”，表明对景图上的山形是　（　　）

A. 从该物标的南方 14 n mile 所看到的形状

B. 从该物标的北方 14 n mile 所看到的形状

C. 从本船向南 14 n mile 所看到的形状

D. 从本船向北 14 n mile 所看到的形状

5. 当发现船位差较大时，应该　（　　）

A. 认为航迹推算中存在较大误差

B. 认为观测定位中有粗差

C. 认为观测与推算都有较大误差

D. 报告船长查明原因

6. 陆标定位，在有多个物标可供选择的情况下，应尽量避免选择（　　）位置的物标进行定位。

A. 正横前　　B. 正横后　　C. 左正横　　D. 右正横

7. 根据我国海图作业规则的要求，(　　)船位差，必须进行分析，作出记录。

A. 开航后的第一个　　B. 每天中午的

C. 接近海岸的第一个　　D. 每天 0800 的

8. 某轮 CC＝184°，测得灯塔 CB＝229°，如使第二次观测该灯塔时，能正好使船舶与该灯塔的距离等于两次观测之间的距离，则第二次观测该灯塔的 CB 应为　(　　)

A. 274°　　B. 268°　　C. 083°　　D. 052°

9. 某轮 TC＝265°，测得某灯塔 TB＝291°.5，航行 12 n mile 后，又测得该灯塔 TB＝310°，试问船与该灯塔正横时距离为　(　　)

A. 10 n mile　　B. 12 n mile　　C. 15 n mile　　D. 13.2 n mile

10. 某船 $\Delta L=-6\%$，0800 $L=100'$，TC＝352°，测得某灯塔真方位 014.5，0830 $L=108'.0$，再测得该灯塔 TB＝037°，风流很小，忽略不计，则该灯塔正横距离等于　(　　)

A. 8′.5　　B. 5′.3　　C. 7′.5　　D. 6′.0

11. 无风流条件下移线定位时，第一次观测物标的舷角为(　　)，第二次观测物标的舷角为(　　)，则两次观测之间的航程即为该物标的正横距离。　(　　)

Ⅰ. 26°.5，45°　Ⅱ. 45°，90°　Ⅲ. 22°，45°

A. Ⅰ、Ⅱ　　B. Ⅰ、Ⅲ　　C. Ⅱ、Ⅲ　　D. Ⅰ、Ⅱ、Ⅲ

12. 某船 CA＝342°，$\Delta L=-6\%$，1000 $L=150'$，测得某灯塔真方位 004.5，1030 $L=158'.0$，再测得该灯塔 TB＝027°，风流很小，忽略不计，则该灯塔的最近距离等于　(　　)

A. 8′.5　　B. 5′.3　　C. 7′.5　　D. 6′.0

13. 两陆标方位定位时，应先测方位变化慢的，后测方位变化快的物标，它是建立在　(　　)

A. 观测的难易程度

B. 定位时间是以第一次观测时刻为准

C. 定位时间是以第二次观测时刻为准

D. 与观测方位时刻无关

任务二　航迹绘算

知识目标

1. 掌握海图作业的规定与要求以及标注航线和船位的具体要求。
2. 掌握测定风流压差的方法。
3. 掌握航迹绘算的方法。

能力目标

1. 能够利用航迹推算测定船位。

2.能够利用不同方法测定风流压差。

任务描述

本任务主要通过学习航迹绘算从而让学习者能够根据外界风流压差进行相应的海图作业,从而推算出某一时刻的船位及某一时间阶的航行轨迹。

知识准备

航海学的主要任务是将船舶、货物和人员等安全经济地从一地运到另一地。船舶在海上,要确保其安全地按预定的航线航行,就必须在任何时候都要知道船位所在。

确定船位的方法,一般可以分为观测定位和航迹推算两类。

观测定位(Fixing Position)是利用航海仪器观测确知位置的物标,再根据观测结果,定出观测时刻的船位。根据所观测物标的性质和观测手段的不同,目前航海上常用的观测定位方法分为陆标定位、天文定位和电子定位三类。

航迹推算(Dead Reckoning)是航行中推算得到船舶航行轨迹和船位的最基本的方法。它是根据船舶的航向、航程和风流资料,在不借助外界导航物标的条件下,从已知的推算起始点开始,推算出有一定精度的船舶航迹和船位。而推算船位是天文定位和电子定位的基础。

航迹推算有以下两种方法:

(1)航迹绘算法(Track Plotting),即海图作业法(Chart Work)。它是根据航行和风流等要素直接在海图上画出推算航迹和船位。该方法简单直观,是航迹推算的主要方法。

(2)航迹计算法(Track Calculation)。它是运用数学计算的方法计算出推算航迹和船位的数据,然后画到海图上。

对于航迹推算的有关规定为:航迹推算应在船舶驶出领航水域或港界,定速航行后立即开始。推算起始点必须是准确的观测船位。航迹推算在整个航行过程中不得无故中断,直至驶入目的港领航水域或接近港界有物标可供导航时,方可终止。航迹推算的起点、终点应记入航海日志。在狭水道或渔区航行时可中断推算,但是应该将中止点和复始点在海图上画出并记入航海日志。

在沿岸水流影响显著的航区,推算船位应该每小时进行一次;在其他航区,一般每2 h或4 h进行一次。对于观测定位的有关规定为:沿岸航行,船速在15 kn以下,每半小时定位一次;接近危险地区或船速在15 kn以上时,均应适当缩短定位时间间隔;能见度不良的情况下,应充分使用雷达进行定位;远离海岸航行时,应充分利用天测等定位方法。天测定位,在正常情况下,每昼夜至少有三个天测船位(晨、昏和上午或下午太阳位置线间或与中天船位纬度间的移线船位各一个);接近浅滩、礁石和水深变化显著的地区时,应进行测深。

一、相关概念

(一)计划航(迹)线和实际航(迹)线

计划航(迹)线(Intended Track)是预先设计并绘画在海图上的船舶计划要航行的理想轨迹。计划航线的前进方向,叫作“计划航(迹)向”(Course of Advance,CA),它是真北线顺时针与计划航线的夹角。计划航线的里程叫“计划航程”(S)。船舶开航前必须要在海图上设计好并画出计划航线,计算出或直接从海图上量出计划航向 CA 和计划航程 S,作好航线标注及航线附近的其他必要标注。船舶在航行中,由于受到风流或者操舵不稳等因素的影响,船舶航行轨迹往往与 TC 线不一致(见图 3-2-1)。船舶实际航行的轨迹叫作“实际航迹线”,简称“航迹线”(Track)。航迹线与计划航线一般也不一致,驾驶员应通过航迹推算和观测定位的方法,注意观察船舶的航行轨迹,使其尽量保持在计划航线上。

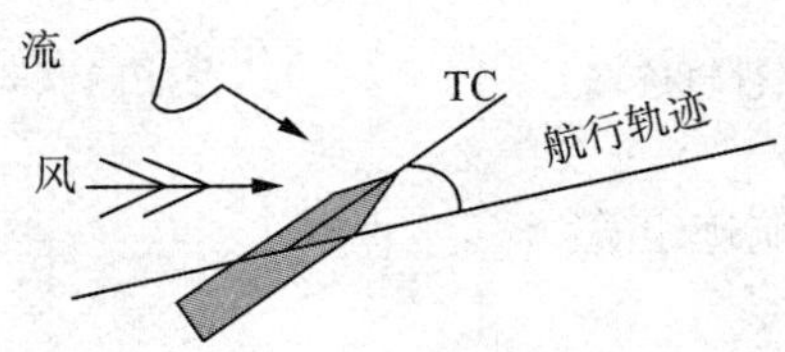

图 3-2-1 船舶航行轨迹

(二)推算航(迹)线和推算船位

推算航(迹)线(Estimated Track)是在船舶航行过程中,通过航迹推算法推算出的船舶航行轨迹。其前进方向叫“推算航(迹)向”(Estimated Course,CG),它是真北线顺时针至推算航线的夹角。船舶在推算航线上的航行里程叫“推算航程”。推算船位(Estimated Position,EP)是通过航迹推算法确定的船位。不计风流,仅以计程仪航程在真航向线(或者计划航线)上截取的船位叫“积算船位”(Dead Reckoning Position,DR)。

(三)航迹绘算法要解决的问题

航迹绘算法简单、直观,主要解决以下两类问题:

1. 根据船舶航行时的真航向(已知 TC 求 CA)、计程仪航程和航行中掌握的风流要素,在海图上作图画出受风流影响后的推算航迹和推算船位。

2. 预配风流压差求出应驶的 TC(已知 CA 预求 TC)。即在海图上根据计划航线和事先掌握的风流要素,作图求出使船舶能保持在计划航线上的应驶的 TC 及此后航行过程中的推算船位。这是驾驶员应重点做好的工作。

二、航迹绘算方法

(一)无风流情况下的航迹绘算

无风流是指航行海区没有风流,或风流对船舶航行影响甚微,船舶航迹偏离 TC 线的角度不超过 1°。

1. 无风流时的船舶航行轨迹

图 3-2-2 中,无风流时,船舶只要按 TC=CA 航行,将真航向 TC 换算到可以在罗经上执行的罗航向 CC(=TC−ΔC)或陀罗航向 GC(=TC−ΔG),只要罗经差是准确的,又

没有其他航行误差，那么船舶航行轨迹与 TC 延长线即计划航线就是一致的，即无风流时 TC＝CA。同时船舶航程 S 和对水航程即相对计程仪航程 S_L 也是一致的，即 $S=S_L$。

2. 无风流的推算船位

如图 3-2-3 所示，在计划航线上从推算起始点截取计程仪航程 S_L（或 $V_L\times t$）求取积算船位 DR，并作好船位标注。

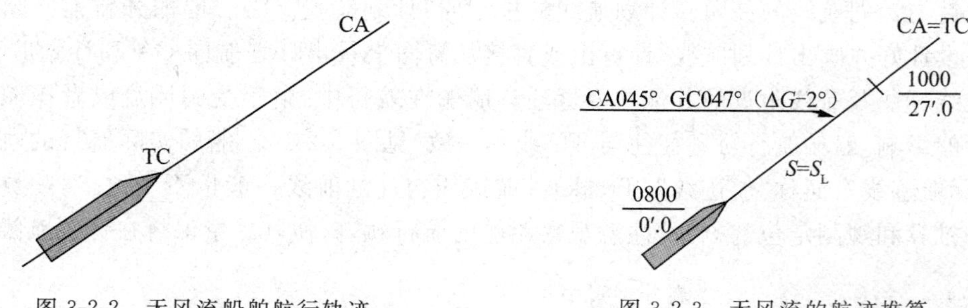

图 3-2-2　无风流船舶航行轨迹　　图 3-2-3　无风流的航迹推算

（二）有风无流情况下的航迹绘算

1. 风对船舶航行的影响

风会影响船舶的航行轨迹，其影响程度与风舷角、风力及船速等多种因素有关。风向是指风的来向，风舷角(Q_W)是视风向与船首线的夹角。船上观测到的风是视风，它是真风与船风的合成风。船风是船舶自身运动所产生的相对风，其风向与 TC 一致。真风、船风和视风之间的关系如图 3-2-4(a)所示。

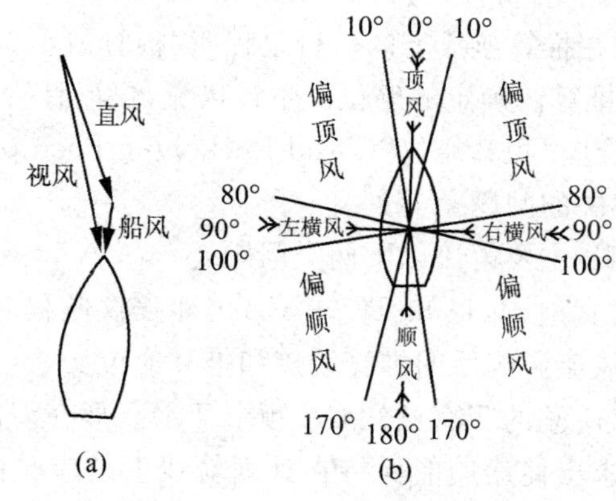

图 3-2-4　视风向

视风与船首向的关系如图 3-2-4(b)所示。当风舷角 Q_W 小于 10°时，叫“顶风”；当 Q_W 大于 170°时，叫“顺风”；当 Q_W 为 80°～100°时，叫“横风”；当 Q_W 为 10°～80°时，叫“偏顶风”；当 Q_W 为 100°～170°时，叫“偏顺风”。

船舶受风影响后的航行轨迹偏开真航向线的角度称为“风压差角”(Leeway angle, α)，简称“风压差”，用 α 表示(见图 3-2-5)。从图中可见，CG(CA)＝TC＋α。船舶左舷受风，α 为“＋”；右舷受风，α 为“－”。

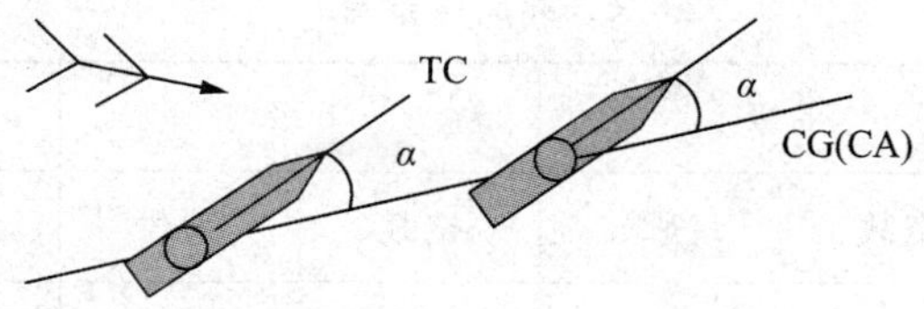

图 3-2-5 船舶受风影响后的航行轨迹

风对船舶的影响无法用风的矢量表示。由于水的阻力，船舶向下风漂移的速度远小于风速，漂移的方向也不一定与风向平行。因此，实用中 α 的大小，是根据风舷角、风力及船舶载重和船速等因素，依据一定经验来估计的。

2. 影响风压差大小的因素

风压差 α 的大小与下列因素有关：

(1)风舷角：横风时，风压差值最大，顶风或顺风时，风压差几乎为零。

(2)风速：风速越大，风压差越大。

(3)船速：船速越大，风压差越小。

(4)船体情况：当轻载，吃水浅，或船体受风面积大时，风压差也大，反之就小。此外，平底船的风压差要比尖底船的大。

船舶在风浪中航行，会产生船舶偏荡，风压差就可能不易掌握。波浪在很大程度上会降低船速，还会使船舶在航向上产生左右摆动的现象，称之为“偏荡”。一般情况下，波浪对航行船舶产生的偏荡，并不都对称于航向。由于舵的作用，使船回到航向上来的速度，要比波浪使船从航向上偏开的速度慢得多，其结果就是使得船舶航行轨迹偏在航向线的上风侧。实践证明，波浪从正横前来时，偏荡将使风压差增大；反之，波浪从正横后来时，偏荡将使风压差减小。但若使用手动操舵，由于每个人压舵的情况不一样，有可能会产生相反的效果，应予以注意。

3. 风压差的估算

有条件时可以用实测的方法求较为准确的 α，但有时受条件限制而无法实际测定。为此，当风压差不大于 10°时，可按下面的经验公式估算 α：

$$\alpha = K\left(\frac{V_W}{V_L}\right)^2 \sin Q_W \tag{3-2-1}$$

式中：V_W——视风速(m/s)；

V_L——计程仪航速(m/s)；

Q_W——风舷角；

K——风压差系数。

风压差系数一般与船舶类型及船舶航行状态等有关，可用下述方法求得：船舶在相同的吃水条件下，测得不少于 25～30 个风压差值 α_i ($i=1,2,\cdots$)，且记下测定每一 α_i 时的 V_W(速度准确到 1 m/s)、V_L 和 Q_W(准确到±5°)。根据最小二乘法，解出该吃水条件下的风压差系数 K，并将 K 代入上面的经验公式，求得该吃水条件下的风压差表(见表3-2-1)，供日后在相同的航行条件下参考。

表 3-2-1　　××轮风压差表

风舷角(°) \ 吃水 \ 风力	5 级		6 级		7 级	
	空载	满载	空载	满载	空载	满载
0	0	0	0	0	0	0
20	1.4	1.3	2.5	1.9	3.9	2.7
40	1.2	0.9	8.9	3.5	12.5	4.0
60	2.1	1.0	10.5	4.1	16.0	5.1
80	4.1	3.2	11.7	4.6	16.4	6.4
100	7.3	2.9	10.5	4.1	14.7	5.8
120	5.6	2.2	8.1	3.2	11.3	4.3
140	3.9	1.5	5.6	2.2	6.8	3.1
160	1.9	0.8	2.8	1.1	3.9	1.5
180	0	0	0	0	0	0

4.有风无流情况下的航迹绘算

(1)推算航迹向

已知 TC 求 CG_α 有:$CG_\alpha = TC + \alpha$

已知 CA 求 TC 有:$TC = CA - \alpha$

即:$CA/CG_\alpha = TC + \alpha$“左+右−”

(2)推算航程

$S_L = (L_2 - L_1)(1 + \Delta L)$

(3)有风流情况下的航迹绘算步骤

①自起点 A 绘画 CA/CG;

②自 A 点沿 CA/CG 截取 S_L,截点 B 即为 EP 自 A 点绘画 2～4 cm 长的 TC 线(见图 3-2-6)。

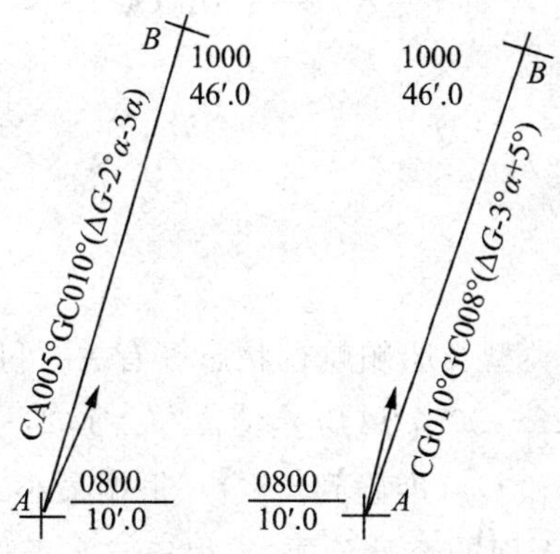

图 3-2-6　有风无流条件下海图作业

（三）有流无风情况下的航迹绘算

1. 流对船舶航行的影响

水流会影响船舶的航行轨迹，其影响程度与流舷角、流速、船速等有关。水流流向系指流的去向，水流影响下的漂浮物的运动矢量等于水流矢量。流舷角（Q_C）是水流流向与船首线的夹角。一般 Q_C 小于 10°时，叫“顺流”；Q_C 大于 170°时，叫“顶流”或“逆流”；Q_C 为 80°～100°的流叫“横流”。

船舶受流影响后的航行轨迹偏开所驶的真航向线的角度被称为“流压差角”（Drift angle，β），简称“流压差”，用 β 表示（见图 3-2-7）。图中可见，CG(CA)＝TC＋β。船舶左舷受流，β 为“＋”；右舷受流，β 为“－”。航迹绘算中，β 可以通过作图求得，如图 3-2-8 所示的水流三角形解得。图中，推算航迹 CG 线（TC 和流的合成矢量）与 TC 线之间的夹角为 β。

航海上经常遇到的水流有：海流（Current）、潮流（Tidal Stream）和风海流（Wind Current）。

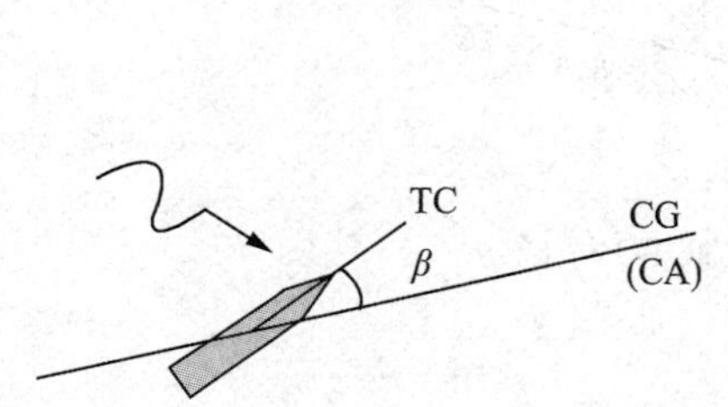

图 3-2-7　受流影响后的航行轨迹

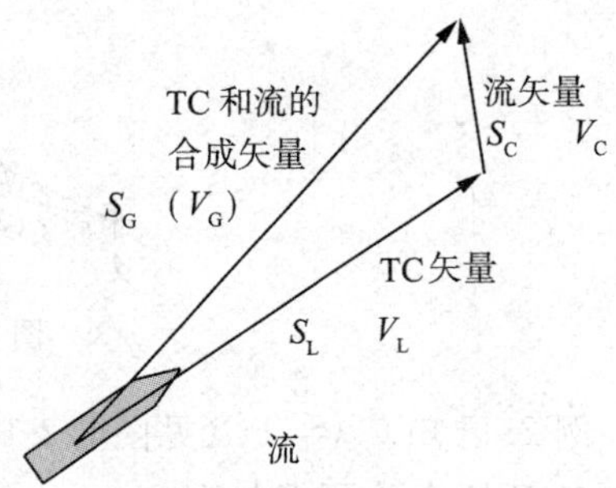

图 3-2-8　TC 矢量和水流矢量的合成

海流和洋流是由于相邻海区之间海水长期存在温度、密度或气压的不同，或长期受定向风的作用而产生的海水水平方向的流动。它们在一段较长的时间内保持流向、流速几乎不变，故又称“恒流”。

海图上表示恒流的图式有 2.5~3.5 kn 和 ⋙⟶ 两种，后一图式为中版海图及英版的引进海图上的海流图式。箭头的方向表示流向，其上的数字（若有）是平均流速。

在大洋航行时，主要考虑洋流对船舶航行的影响。虽然大洋中洋流的流速并不大，一般约为 1 kn，但大洋航行时间较长，固定的水流影响累积起来就会很可观，有条件时应利用它。

潮流是由于潮汐而形成的海水周期性的水平流动。在受潮汐影响较明显的区域（如通海江河、近海等）航行，主要考虑潮流的影响。

潮流分为往复流和回转流两种。往复流的流向、流速大致随潮汐周期而往复变化。在通海江河口外的海图上，常会看到回转流的资料。回转流的流向、流速在 360°范围内不断地变化着。因此，在实际航迹推算中，常常用矢量合成法求取某段时间里的平均流向和流速。

风海流又称“风生流”，它是海水表层在一定时间内受定向风的作用而产生的水流，它一般在风作用一段时间后才产生，风停后它还会持续一段时间才消失。风海流除与风力、风向有关外，还与地球自转的偏向力及地形、海底地貌等有关，比较复杂，目前尚难准确掌握。

当船舶航行在有水流影响的海区时，船舶将同时受到两个力的作用。一个力使船舶沿着真航向，以相对于水的计程仪航速(Speed by Log)V_L 航行；另一个力则使船舶沿水流流向，以流速 V_C 漂移。因此，船舶是沿这两个力的合力方向，即沿计划或推算航迹向，以推算航速(Speed Made Good)航行的。即：$V = V_L + V_C$。

2. 有流无风情况下的航迹绘算

例 1. 已知 TC⇒CGβ(见图 3-2-9)

自起点 A 绘画 TC 线；

自 A 沿真航向线截取点 B：$AB = S_L$；

自 B 作水流矢量 BC；

连接 AC，则线段 AC 的方向就是船舶的流中航迹向，$\angle BAC$ 就是船舶的流压差 β。

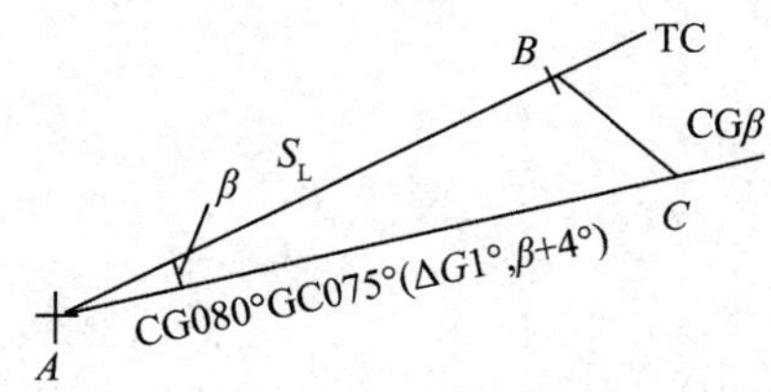

图 3-2-9　已知 TC 与 CGβ

例 2. 已知 CA⇒TC(见图 3-2-10)

自起点 A 绘画 CA 线；

自 A 绘画水流矢量 AC；

自 C 点以 S_L 为半径画圆弧交 CA 于 B 点；

作水流三角形可得船舶的真航向线。

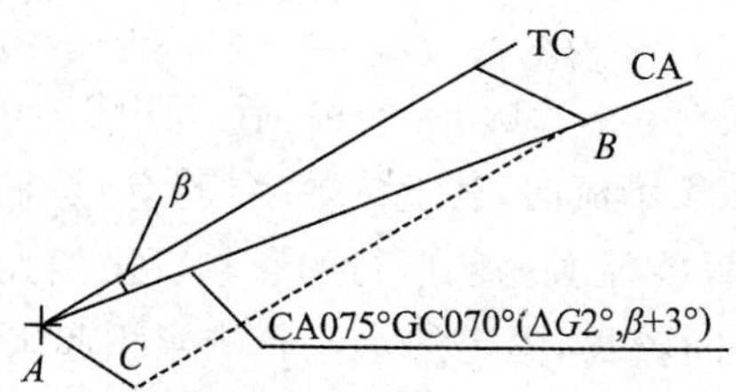

图 3-2-10　已知 CA 与 TC

(四)有风有流情况下的航迹绘算方法

1. 基本公式

$$\text{CA} = \text{CG}\gamma = \text{TC} + \gamma$$

$$\gamma = \alpha + \beta$$

γ：风流合压差(Leeway and Drift Angle)，TC 与 CGγ 的夹角；

船舶偏在航向线的右侧，γ 为正(+)；

船舶偏在航向线的左侧，γ 为负(−)；

CGγ：船舶在风流中的航迹向(推算航迹向)。

2. 航海上要解决的两类问题

(1)已知 TC、$S_L(V_L)$、风流要素，求：CGγ、S。

此种情况应采用“先风后流”的海图作业法。具体作图方法如下(见图 3-2-11)：

①从推算起点 A 画出一小段真航向线 TC。

②画 CGα = TC + α。

③在 CGα 上截取 S_L，得截点 B。

④由 B 作水流矢量截取流程 BC 得推算船位 C 点。

⑤连接 AC 即为 CGγ，$AC = S$。

⑥CGα 与 CGγ 的夹角即为 β。

⑦进行正确标注。标注内容及次序：CGγXXX°GCXXX°(ΔG±X°，γ±X°)

计算公式：CA = CGγ = TC+γ =GC+ΔG+γ

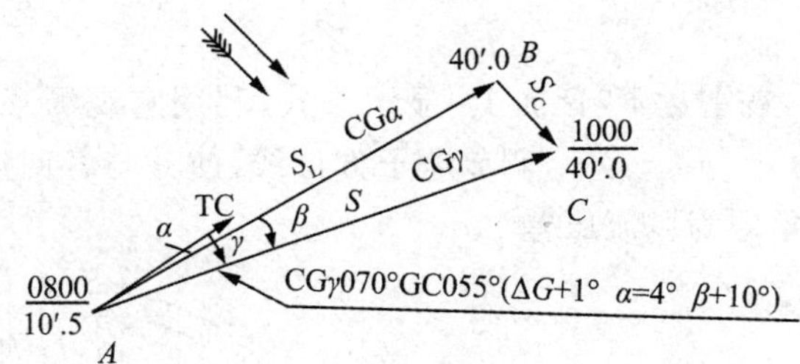

图 3-2-11 已知 TC 求 CA 的作图

(2)已知 CA、S_L、风流资料，求：TC 和 S。

此情况应采用“先流后风”的海图作业法，具体作图方法如下(见图 3-2-12)：

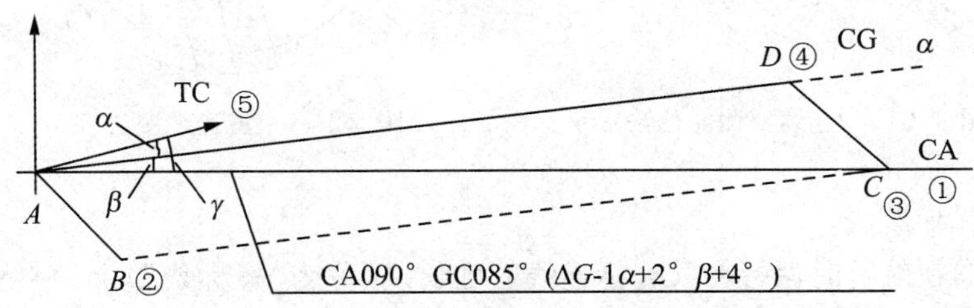

图 3-2-12 已知 CA 求 TC 的作图

①自起始点 A 绘画计划航线 CA。

②由 A 画水流矢量并截取流程得 B。

③以 B 点为圆心，S_L(相对计程仪航程)为半径画圆弧，与 CA 交点 C，C 点即为推算船位。

④由 A 画 BC 连线的平行线 AD 即为 CGα(风中航迹线)。

⑤以 CGα 为准顶风预配 α，即：TC =CGα−α。

⑥自 A 点绘画一小段 2～4 cm 长的真航向线 TC。

⑦如图所示，进行正确的海图标注。

注意:这两种做法的区别,是先配风还是先配流,有一句口诀"真风计流",就是说已知真航向时先配风后配流,已知计划航向时先配流后配风。

三、风流压差的测定方法

海上航行,只要准确掌握罗经差,TC 总是已知的。因此,任何一种能测得实际航迹向 CG(CA)的方法均可以用来测定风流压差 γ[=CG(CA)-TC]。而 $\gamma=\alpha+\beta$,当 β 已知或水流影响很小 β 为 0 时,就可测定风压差 α。常用的测定航迹向的方法有:

(一)连续实测船位法

如果连续测得三个或三个以上的船位,可用平差方法画出航迹直线,它与真航向之间的夹角就是期间的风流压差 γ。如图 3-2-13 所示,船舶按 TC 航行,短时间内测定了 4 个船位。作一直线,使此直线与各实测船位的距离的平方和为最小,则此直线就是平差方法得到的实际航迹。量出其航迹向设为 CA,则风流压差 γ=CA-TC。

(二)雷达观测法

如图 3-2-14 所示,置雷达于"首向上"显示方式,利用它观测某一孤立的固定点状物标,航行中其回波点为 $a_1,a_2,a_3,\cdots$,调节电子方位线,使其与各回波的连线平行,则电子方位线与船首线的夹角即为风流压差 γ。

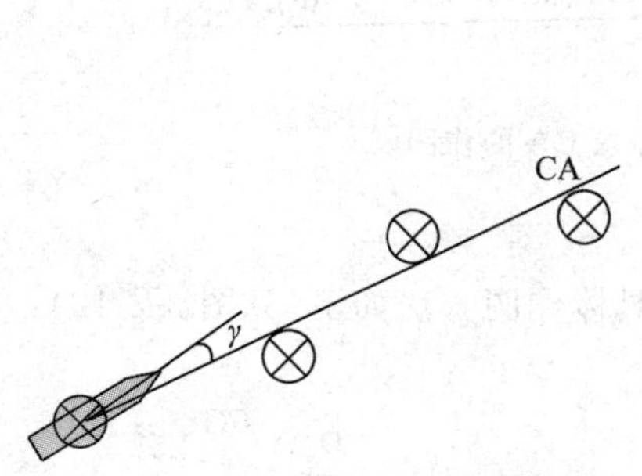

图 3-2-13 连续实测船位法求 γ

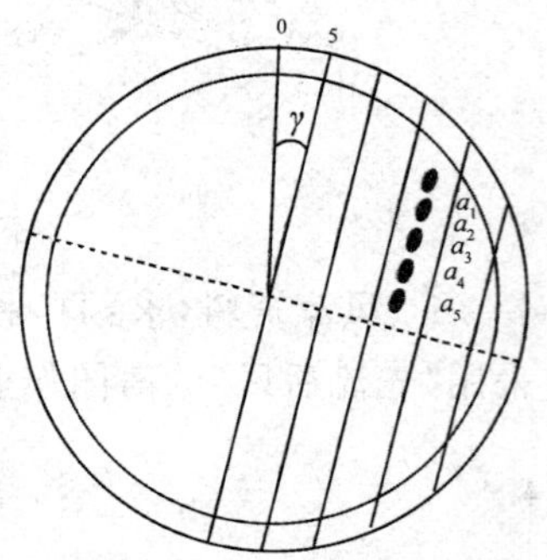

图 3-2-14 雷达观测法求 γ

(三)叠标导航法

如果船舶在航行时保持在某叠标连线的延长线(称为"叠标线")上,则叠标线就是船舶航行的航迹,而船舶的 TC 线与叠标线之间的夹角就是风流压差(见图 3-2-15)。

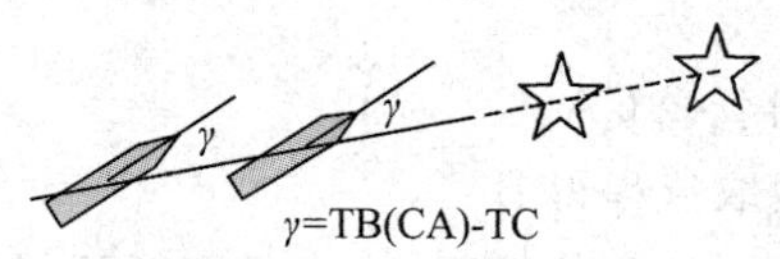

图 3-2-15 叠标导航法求 γ

(四)正横方位和最近距离方位法

如图 3-2-16 所示,物标的正横方位 $TB_{\perp}$ 由下式求得:

$$TB_{\perp}=TC\pm 90^{\circ}\begin{cases}\text{右正横为“+”}\\\text{左正横为“-”}\end{cases}$$

而最近距离的方位 TB_{CPA}

$$TB_{CPA}=CA\pm90^{\circ}\begin{cases}右舷物标为“+”\\左舷物标为“-”\end{cases}$$

所以，风流压差为

$$\gamma=CA-TC=(CA\pm90^{\circ})-(TC\pm90^{\circ})=TB_{CPA}-TB_{\perp}$$

由于 $TB=CB+\Delta C=GB+\Delta G$，所以 γ 也可根据下式求得，即

$$\gamma=CB_{CPA}-CB_{\perp}=GB_{CPA}-GB_{\perp}$$

获取物标最近距离的方位 TB_{CPA} 的做法是：在到达最近点之前，就开始不断地用雷达观测并记下该物标的距离和方位，然后从这些观测值中找出最近距离所对应的方位即为 TB_{CPA}。

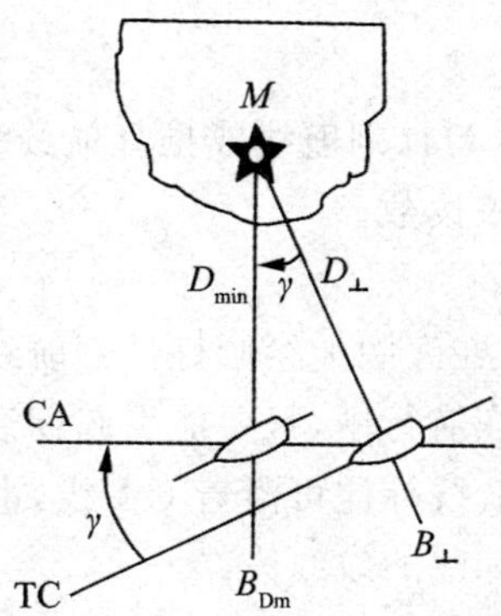

图 3-2-16 正横方位和最近距离方位法求 γ

（五）单物标三方位求航迹向

当船舶定向恒速航行，风流影响也不变时，如图 3-2-17 所示，如果在不同时刻 T_1、T_2 和 T_3 观测同一物标 M，得到三个方位 B_1、B_2 和 B_3，并从 M 画出三条方位线，那么可按下述方法作图求得观测期间的航迹向 CG 和 γ。

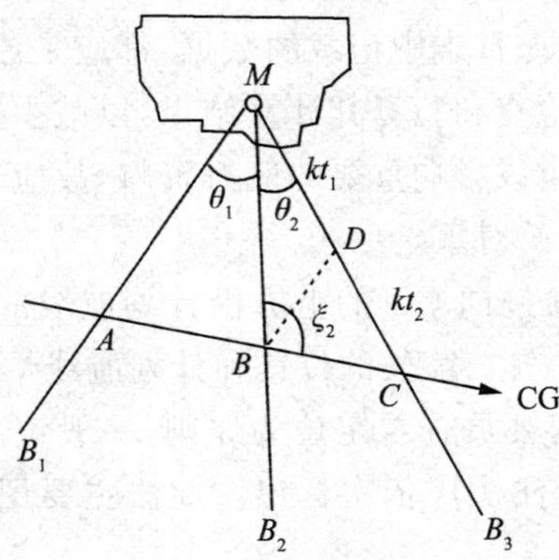

图 3-2-17 单物标三方位求航迹向

在第三方位线 B_3 上，从 M 点以任意比例尺取$\frac{MD}{DC}=\frac{kt_1}{kt_2}$（$k$ 为比例系数，$t_1=T_2-T_1$，$t_2=T_3-T_2$），然后过 D 点作 B_1 方位线的平行线，交 B_2 方位线于 B 点，用直线连接 B 和 C 点，则直线 BC 一定平行于实际航迹，即直线 BC 方向就是航迹向 CG，它与 TC 之差为 γ。但单物标三方位法求出的只是航迹向而非航迹。

（六）尾迹流法

尾迹流是船舶航行留下的水花轨迹。由于水流对船舶及其尾迹流的影响是等效的，故尾迹流可以视为船舶在风中的航迹，因此可以测定尾迹流与船首尾线的夹角，方便地求得风压差 α 的近似值。

四、航迹绘算中的标注

（一）船位标注

推算船位的符号为"—+—"（与计划航线或推算航线垂直的短划），船位标注用分式表示，上为 4 位数时间，下为计程仪读数。

（二）航线标注

航线标注一般是在开航前，在海图上绘画好计划航线后进行的，有时在航行过程中根据当时的情况可能作些修改。在航行中，只要能引起标注中的任意一项有改变，就要在相关航线段重新进行航线标注。航线标注可沿着 CA 线，也可标于航线附近的空白处（应与纬度线平行），并用线条指明被标注的航线段。

无风无流情况下的航线标注为（以用陀罗经航行为例）：

$$CA\ \times\times\times^\circ\ GC\ \times\times\times^\circ(\Delta G\ \times^\circ.\times)$$

预配风流压差后的航线标注为：

$$CA\ \times\times\times^\circ\ GC\ \times\times\times^\circ(\Delta G\ \times.\times,\alpha\times^\circ.\times\ ,\beta\times^\circ.\times)$$

或

$$CA\ \times\times\times^\circ\ GC\ \times\times\times^\circ(\Delta G\ \times^\circ.\times,\ \gamma\times^\circ.\times)$$

括号内的各项数值前均应标注相应的"＋"或"－"

航线标注数据的校验：第一项 CA 应该等于其后各项的代数和。

应当注意，在海图上或航海日志中记载的数据，都应是原始数据，而不是经改正后的数值。这是为了让其他人员检查和验算其计算结果，以减少因计算错误而发生差错的机会。海图上的所有标注都不应该影响重要的航海资料，故应尽可能地标注在海图的空白处，必要时可用线条指明标注的对象。

在计划航线 CA 或推算航迹向 CG 的上方沿计划航线的方向，作一条平行于计划航向 CA 或推算航迹向 CG 的箭矢。箭矢的位置和计划航线 CA 或推算航迹向 CG 的垂直距离的大小，以醒目和便于驾驶员查看定位为原则，一般位于某一航线的中央位置，4～6 cm为宜，然后在箭杆上按标注次序依次标出。此法主要用于长航程的航线标注，也是目前驾驶员常用的方法。

用折线引出沿纬线方向按标注内容次序进行标注。此法主要适用于某一方向的航程太短或航线周围无重要的航行物标，很难直接在航线上标注或会覆盖主要航海资料（见图 3-2-18）。

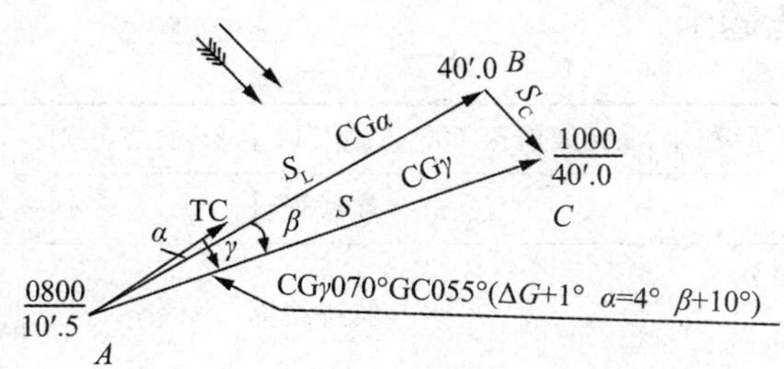

图 3-2-18　航迹绘算标注方法

(三)海图作业标注注意事项

1. 无论是推算船位，还是观测船位，都要以分数式标出船位的时间和计程仪航程

时间为分子并用四位数表示，精确到分；分母为计程仪行程，精确到 0.1′；分数线与纬度线或横廓线平行，这一分数式标注在船位附近。

2. 船位标注符号

推算船位标注符号是在航迹线上垂直画一段短线；陆标定位标注符号为“⊙”；其他方法观测的船位同样按规范符号进行标注。

3. 航向标注

标注位置：所要求的内容应标注在计划航迹线上；标注内容：计划航向 CA；陀罗航向或磁罗经航向，即 GC 或 CC；括号内应标注陀罗差或磁罗经差，即 ΔG 或 ΔC；风压差 α、流压差 β 或风流压差 γ；标注顺序：①计划航向 CA。②陀(磁)罗经航向 GC(CC)。③小括号内填写内容是：(ΔG 或 ΔC，α，β 或 γ)。如果航向线太短无法标注，可在航向线附近画一条与横廓线平行的线，线上标注相同的内容，然后用箭头指示(箭头不要与航向线相接)；标注内容以缩写代号和度数表示，航向用三位数字标出。海图作业标注要做到字体端正、笔画清楚，统一用软质 2B 或 3B 的铅笔；海图标注的是原始数据如：计程仪读数、罗经显示的航向、船钟等。总之，海图的标注要清楚、让他人能够正确理解，不致造成误解，以保证船舶的安全。

职业能力训练

训练目标

能够根据《海图作业规范》求取本船航行轨迹和某时刻的推算船位。

船员适任评估题卡

评估项目	航线设计	等级	无线航区 500 总吨及以上船舶二/三副	时间	90 分钟
科目	航线设计				
题号	评估内容	航迹绘算			分值
	【海图 142】"凤凰"轮 2012 年 6 月 20 日第 55 航次。 0745 三副接班，航速 6 kn，用电罗经导航，陀罗差 $\Delta G=2°E$，计程仪修正率 $\Delta L=0\%$。 0800 $L_1=100'$，测 cap spartel 灯塔 GB=118°，D=5.0 n mile，计划沿 CA070°航行，西北。 风 5 级（a 取 5°），南流 2 kn。 0830 $L_2=103'$，测得 cap spartel 灯塔 GB=154°，距离 D=4.3 n mile。 0900 $L_3=106'$，GPS 定位 Φ：35°52′.8N，λ：005°54′.4W，船长命令转移船位，修正航向，并继续沿 CA080°航行。				
1	求 0800 时的观测船位（经纬度）				5 分
2	求 0800-0900 的实测风流压差 γ 以及 0900 后根据实测风流压差修正航向时采用的 GC				5 分
3	求与 pointe Malabata 灯塔的最近距离和当时船位				5 分
4	求与 pointe Malabata 灯塔正横时的正横距离和当时船位				5 分

习题

1. 可中止航迹推算的水域和情况是 （　　）

①狭窄水道；②频繁使用车、舵时；③来往船舶较多时；④大洋航行时

A. ①②　　B. ②③　　C. ③④　　D. ①～④

2. 在一般情况下，推算船位频率为 （　　）

A. 在沿岸水流显著地区航行，每 2 h 推算一次

B. 在远离海岸地区航行，每 2 h 或 4 h 推算一次

C. 在能测得无线电船位时，可不推算

D. 在狭水道航行时，每 30 min 推算一次

3. 以下说法正确的是 （　　）

A. 无风无流时，相对计程仪航程应在计划航线上截取

B. 无风无流时，绝对计程仪航程应在计划航线上截取

C. 无风无流时，相对计程仪航程应在真航向线上截取

D. 以上都对

4. 某轮在有流无风的水域航行，流向西南，如图所示，灯塔 L 最近时的 S_L 为 （　　）

A. FA　　B. FB　　C. FC　　D. FD

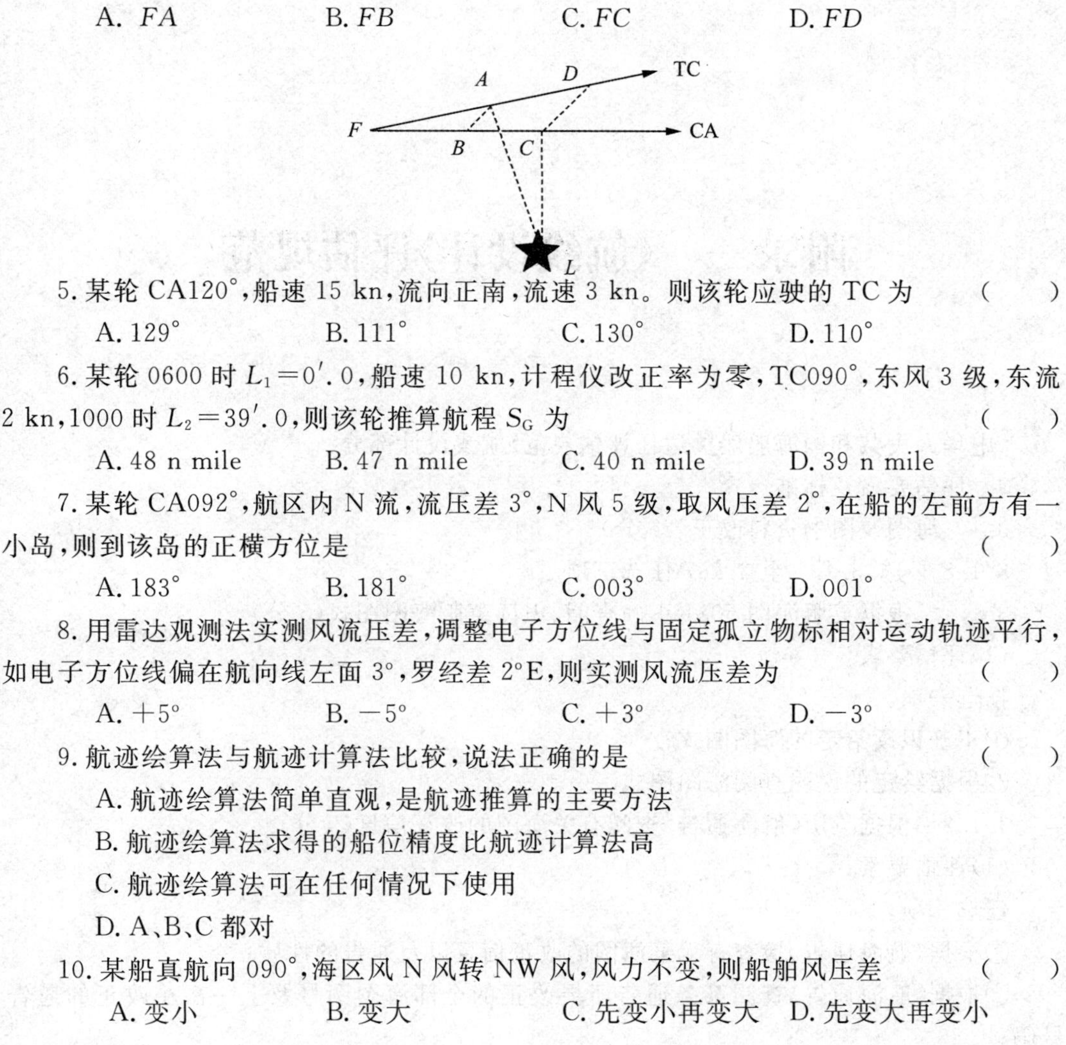

5. 某轮 CA120°，船速 15 kn，流向正南，流速 3 kn。则该轮应驶的 TC 为　　(　　)

A. 129°　　B. 111°　　C. 130°　　D. 110°

6. 某轮 0600 时 $L_1=0'.0$，船速 10 kn，计程仪改正率为零，TC090°，东风 3 级，东流 2 kn，1000 时 $L_2=39'.0$，则该轮推算航程 S_G 为　　(　　)

A. 48 n mile　　B. 47 n mile　　C. 40 n mile　　D. 39 n mile

7. 某轮 CA092°，航区内 N 流，流压差 3°，N 风 5 级，取风压差 2°，在船的左前方有一小岛，则到该岛的正横方位是　　(　　)

A. 183°　　B. 181°　　C. 003°　　D. 001°

8. 用雷达观测法实测风流压差，调整电子方位线与固定孤立物标相对运动轨迹平行，如电子方位线偏在航向线左面 3°，罗经差 2°E，则实测风流压差为　　(　　)

A. +5°　　B. −5°　　C. +3°　　D. −3°

9. 航迹绘算法与航迹计算法比较，说法正确的是　　(　　)

A. 航迹绘算法简单直观，是航迹推算的主要方法

B. 航迹绘算法求得的船位精度比航迹计算法高

C. 航迹绘算法可在任何情况下使用

D. A、B、C 都对

10. 某船真航向 090°，海区风 N 风转 NW 风，风力不变，则船舶风压差　　(　　)

A. 变小　　B. 变大　　C. 先变小再变大　　D. 先变大再变小

附录一 《航线设计》评估规范

《中华人民共和国海船船员适任评估规范》航线设计部分：

3 评估要素及标准

3.1 海图及图书资料改正(25 分)

3.1.8 必选,3.1.1 至 3.1.7 任选三项

3.1.1 根据英版海图 5011 正确查阅、识读英版海图图式(5 分)

(1)评估要素

任选一项。

①正确识读给定的海图图式；

②根据给定的说明查阅海图图式。

3.1.2 根据英版《航海通告》查阅有关海图的改正信息(5 分)

(1)评估要素

任选一项。

①根据《航海通告》检查有无某海图的改正信息以及通告的性质；

②根据《航海通告》查阅某条通告所要改正的全部海图图号及上一次小改正的通告号码；

③根据《航海通告》查阅临时性通告或预告的有关信息。

3.1.3 根据英版《航海通告》查阅有关图书的改正信息(5 分)

(1)评估要素

任选一项。

①根据《航海通告》查阅《航路指南》的有关改正信息；

②根据《航海通告》查阅《世界大洋航路》和《航海员手册》的有关改正信息；

③根据《航海通告》查阅《灯标雾号表》的有关改正信息；

④根据《航海通告》查阅《无线电信号表》的有关改正信息。

3.1.4 根据英版《航海通告》查阅有关海图及图书的出版信息(5 分)

(1)评估要素

任选一项。

①根据《航海通告》查阅新图的出版消息；

②根据《航海通告》查阅航海图书的新版情况。

3.1.5　根据英版《航海通告年度摘要》和《航海通告累积表》查阅有关航海信息(5 分)

(1)评估要素

任选一项。

①根据英版《航海通告年度摘要》查阅《航海通告》的获取、图书代销店、分道通航制、航海图书的配备等有关航海信息；

②根据英版《航海通告累积表》检查有关海图的改正情况；

③根据英版《航海通告累积表》检查航海图书的出版情况。

3.1.6　根据中版《航海通告》的有关内容改正航海图书(5 分)

(1)评估要素

根据中版《航海通告》的有关内容改正航海图书。包括中版《航海图书目录》《航路指南》《航标表》等。

3.1.7　根据英版《航海通告》的有关内容改正航海图书(5 分)

(1)评估要素

根据英版《航海通告》的有关内容改正航海图书。包括英版《海图和出版物总目录》《世界大洋航路》《航路指南》《灯标雾号表》《无线电信号表》等。

3.1.8　根据英版《航海通告》的有关内容改正海图(10 分)

(1)评估要素

①根据给定的通告内容进行海图改正；

②正确登记。

3.2　抽选海图及图书资料(20 分)

3.2.1 与 3.2.4 任选一项,3.2.2 与 3.2.5 任选一项,3.2.3 与 3.2.6 任选一项。

3.2.1　抽选航次所需的全部中版海图(10 分)

(1)评估要素

①总图及小比例尺海图；

②大、中比例尺海图。

3.2.2　抽选航次所需的全部中版图书(5 分)

(1)评估要素

任选一项。

①中版《航路指南》；

②中版《航标表》；

③中版《潮汐表》。

3.2.3　检查某中版海图及图书是否适用(5 分)

(1)评估要素

任选一项。

①检查某中版海图是否适用；

②检查某中版图书是否适用。

3.2.4 抽选航次所需的全部英版海图(10 分)

(1)评估要素

任选一项,②必选。

①总图及大小比例尺海图;

②大、中比例尺海图;

③参考图(大圆海图、航路设计图、空白图)。

3.2.5 抽选航次所需的全部英版图书(5 分)

(1)评估要素

任选一项。

①英版《航路指南》;

②英版《灯标雾号表》;

③英版《潮汐表》;

④英版《无线电信号表》。

3.2.6 检验某英版海图及图书是否适用(5 分)

(1)评估要素

任选一项。

①检验某英版海图是否适用;

②检验某英版图书是否适用。

3.3 查阅航海图书资料(10 分)

3.3.1 查找推荐航线、海岸无线电台、雷达航标、法定时、引航服务和船舶交通服务和报告制、灯标的详细资料(10 分)

(1)评估要素

任选两项。

①查找推荐航线有关资料,包括:英版《世界大洋航路》、航路设计图或中/英版《航路指南》。

②查找海岸无线电台、雷达航标、法定时、引航服务、船舶交通服务、报告制的有关资料,包括英版《无线电信号表》第一、二卷或第六卷。

③查找灯标或差分全球定位系统的详细资料,包括中版《航标表》、英版《灯标雾号表》各卷。

3.4 绘画航线、编制航线表(30 分)

3.4.1 根据要求绘画大圆航线或恒向线航线并作适当标注(20 分)

(1)评估要素

①绘画航线;

②航线标注。

3.4.2 编制航线表(10 分)

(1)评估要素

编制航线表。

3.5 航迹绘算(15 分)

3.5.1 根据给定的参数进行船舶定位(5 分)

(1)评估要素

任选一项。

①单物标方位、距离定位;

②两物标方位定位;

③两物标距离定位;

④三物标方位定位;

⑤三物标距离定位;

⑥GPS 定位。

3.5.2 根据实测风流压差修正航向(5 分)

(1)评估要素

求出实测风流压差的大小并据此调整船舶航向。

3.5.3 确定物标正横或最近距离时的船位(5 分)

(1)评估要素

任选一项。

①根据给定条件预求物标正横时的船位及船舶与物标的距离;

②根据给定条件预求物标最近距离时的船位及船舶与物标的距离。

4 评估方法

4.1 评估形式

由评估员随机分配题卡,抽选、查阅、改正海图及图书资料,绘画航线,编制航线表,航迹绘算。

4.2 成绩评定

3.4 项和 3.5 项均须及格,否则本评估项目不及格,满分 100 分,60 分及以上及格。

4.3 评估时间

每人次不超过 90 分钟。

附录二　航线设计适任评估题卡

中华人民共和国海船船员适任证书全国统考

航 线 设 计 报 告 书

REPORT OF PASSAGE PLAN

专业：航海技术	申考职务：____航区三副
评估项目：航线设计	评估日期：
准考证号：	
姓名：	评估成绩：

海船船员适任评估试题卡 1

评估科目	航线设计	题卡编号	D31001	考试时间	90 分钟
适用对象	500 总吨及以上船舶二、三副	总分	100	及格	60
实操要求	1. 根据下述指令完成全部操作； 2. 将操作步骤或结果填写在相应的实操报告中。				

一、海图及图书资料改正(25 分)

3.1 请根据 2009 年第 1 期英版《航海通告》及英版海图 5011 完成以下题目。

3.1.1 根据英版海图图示 5011 识别下列英版海图图式表示的意义。(5 分)

3.1.2 查阅 110 海图上一次小改正的通告号码。(5 分)

3.1.4 查阅航海图书的新版情况。(5 分)

3.1.8 改正船存海图。(10 分)

附：

本船图号表

图号	出版日期	新版日期
7	1984-07	1999-08
94	1996-01	1996-01
122	2000-08	2008-07
其他略(不改正)	—	—

需要改正的海图图号:(　　　　　)

二、航线设计(60 分)

凤凰轮 050 航次，出发港：香港(22°17′. 2N，114°13′. 5E)；目的港：新加坡(01°16′. 8N，103°45′. 1E)；载货 15000 吨；离港时最大吃水 8.30 米；预计 2013 年 8 月 8 日 0800 从泊位离开。请拟定一条合理的航线，并完成以下各题：

附：　　凤凰轮基本资料

船名 M/V	凤凰	船舶种类 TYPE	散货船
船长 L. O. A (m)	179.52	船宽 BREADTH(m)	25
船深 DEPTH(m)	12	总吨 GROSS TONNAGE	17947
建造年份 BUILD	2007	海速 SEA SPEED(kn)	15
燃油消耗量 F. O/D. O CON. (t)	25	船旗 FLAG	CHINA

3.2　抽选航海图书资料(20 分)

3.2.4　抽选航次所需英版航用海图。(10 分)

3.2.5　抽选航次所需的英版图书。(5 分)

3.2.6　检查所选英版《灯标雾号表》的适用性。(5 分)

3.3　查阅航海图书资料(10 分)

3.3.1　利用《世界大洋航路》查找香港到新加坡的推荐航线。(5 分)

3.3.3　利用所选英版《灯标雾号表》,查阅 Horsburgh 灯塔的详细资料。(5 分)

3.4　绘画航线、编制航线表(30 分)

3.4.1　设计航线并作适当标注。(20 分)

要求:总图及小比例尺图 3482 从 21 30.0N 114 15.0E 画到 02 00.0N 104 30.0E(其他海图不画。

3.4.2 根据所画航线编制航线表(10 分)

<table>
<tr><th rowspan="2">序号</th><th colspan="3">从一航路点到另一航路点</th><th rowspan="2">累计航程</th><th rowspan="2">备注</th></tr>
<tr><th>航路点位置</th><th>航向</th><th>航程</th></tr>
<tr><td>001</td><td></td><td></td><td></td><td></td><td></td></tr>
<tr><td>002</td><td></td><td></td><td></td><td></td><td></td></tr>
<tr><td>003</td><td></td><td></td><td></td><td></td><td></td></tr>
<tr><td>004</td><td></td><td></td><td></td><td></td><td></td></tr>
<tr><td>005</td><td></td><td></td><td></td><td></td><td></td></tr>
<tr><td>006</td><td></td><td></td><td></td><td></td><td></td></tr>
<tr><td>007</td><td></td><td></td><td></td><td></td><td></td></tr>
</table>

三、航迹绘算(15 分)

3.5 航迹绘算

【海图 11910】

"凤凰"轮 2012 年 6 月 20 日第 55 航次

0745 三副接班,航速 15 节,用电罗经导航,陀罗差 $\Delta G = 2°W$,计程仪修正率 $\Delta L = 0\%$。

0800 $L_1 = 100'$,测猴矶岛灯塔 GB=148°,砣矶岛灯塔 GB=100°,计划沿 027°航行,西北风 4 级(取 4°),东流 3 节。

0830 $L_2 = 107'.5$,测得北隍城灯塔 GB=071°,距离 $D = 14.7$ 海里。

0900 $L_3 = 115'$,GPS 定位 Φ: 38°26'.3N,λ: 120°42'.0E,船长命令转移船位,修正航向,并沿 CA060°继续航行。

求:

(1)0800 观测船位(经纬度)。(5 分)

(2)0800-0900 实测风流压差 γ 以及 0900 后根据实测风流压差修正航向时采用的 GC。(5 分)

(3)求通过北隍城灯塔的最近距离及当时的船位。(5 分)

注:3.4 项和 3.5 项均须及格,否则本评估项目不及格。

附录三　英版《航海通告》目录索引

Notices
2343 - 2447/12
T&P Notices in Force

ADMIRALTY NOTICES TO MARINERS

Weekly Edition 22

31 May 2012
(Published on the UKHO Website 21 May 2012)

CONTENTS

Notices
2448 - 2550/12

ADMIRALTY NOTICES TO MARINERS

Weekly Edition 23

7 June 2012
(Published on the UKHO Website 28 May 2012)

CONTENTS

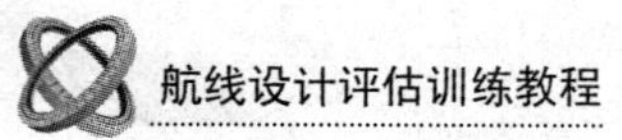

Notices
2340 - 2476/13
T & P Notices in Force

ADMIRALTY NOTICES TO MARINERS

Weekly Edition 22

30 May 2013
(Published on the UKHO Website 20 May 2013)

CONTENTS

附录四　英版航海图书资料改正指南摘要（NP294 How to Keep Your Admiralty Products Up-to-Date）

例 1:Insert a new buoy

6172　AUSTRALIA - Western Australia - Port of Dampier - Parker Point Westwards - Buoyage. Depth.
Source: Australian Notice 24/1035/05

Chart Aus 58 [*previous update New Edition 18/03/2005*] WGS84 DATUM

Insert	*Fl.Y.2·5s*		20° 38′·545S., 116° 42′·729E.
		(a)	20° 38′·462S., 116° 42′·953E.
			20° 38′·344S., 116° 43′·154E.
Delete	depth 7_1, close SW of:		*(a)* above

Chart Aus 59 (plan, Dampier Wharves) [*previous update 3081/05*] AUSTRALIAN GEODETIC DATUM

Insert	*Fl.Y.2·5s B1*	*(a)*	20° 38′·624S., 116° 42′·649E.
	Fl.Y.2·5s B2		20° 38′·623S., 116° 42′·734E.
	Fl.Y.2·5s B3		20° 38′·542S., 116° 42′·873E.
	Fl.Y.2·5s B4		20° 38′·423S., 116° 43′·074E.
Delete	depth 7_4, close W of:		*(a)* above

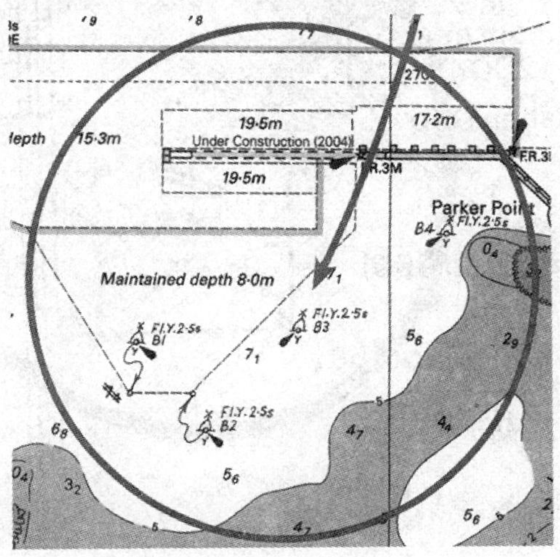

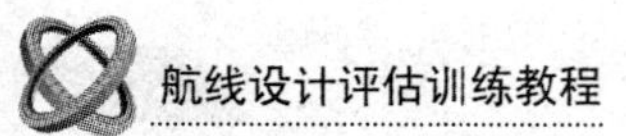

例 2:Delete a swept area

6029 CHINA - Yellow Sea Coast - Approaches to Dalian Xingang - Swept area.
Source: Chinese Chart 11381

Chart 1249 [*previous update 5628/05*] UNDETERMINED DATUM

Delete	limit of swept area, pecked line, joining:	*(a)*	38° 52′·7N., 121° 58′·0E. (E border)
		(b)	38° 52′·7N., 121° 55′·2E.
		(c)	38° 55′·5N., 121° 55′·2E. (harbour limit)
			and
		(d)	38° 56′·8N., 121° 57′·3E. (harbour limit)
		(e)	38° 56′·8N., 121° 58′·0E. (E border)
	20, within:		*(a)*-*(e)* above

Chart 1255 [*previous update 5728/05*] BEIJING (1954) DATUM

Delete	limit of swept area, pecked line, joining:	*(a)*	38° 54′·9N., 121° 58′·5E.
		(b)	38° 52′·7N., 121° 58′·5E.
		(c)	38° 52′·7N., 121° 55′·2E.
		(d)	38° 55′·3N., 121° 55′·2E. (harbour limit)
	20, within:		*(a)*-*(d)* above

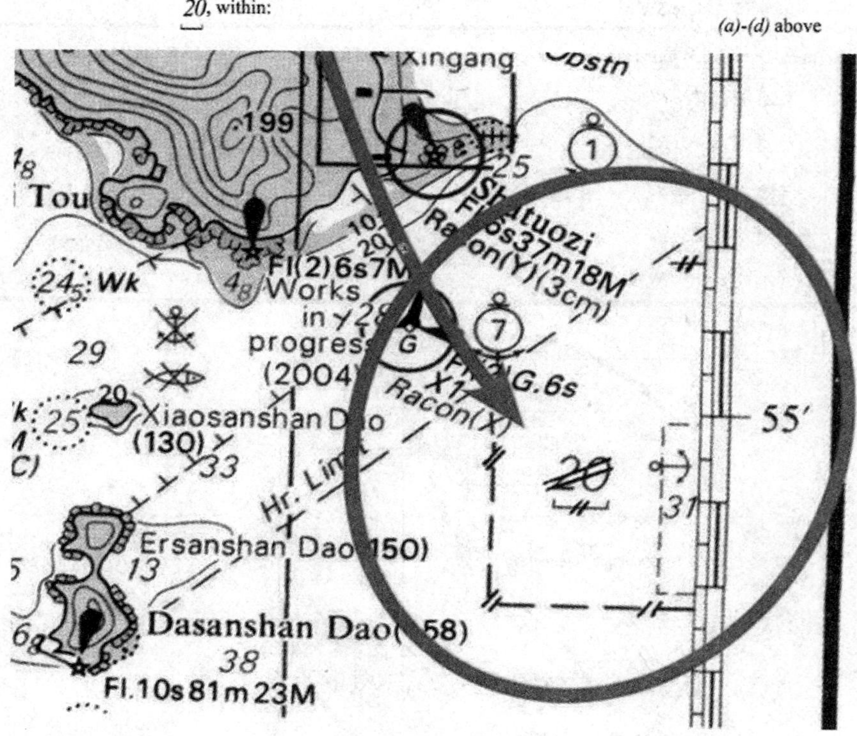

例 3:Insert a light and breakwater

6009 JAPAN - Honshū - North West Coast - Toyama - Yokata - Lights. Breakwater.
Light List Vol. F, 2005/06, 7150.6
Source: Japanese Notice 48/1437/05

Chart 1342 (plan D, Toyama) [*previous update 3227/05*] WGS84 DATUM			
Insert	☆ Fl.R.3s11m3M	*(a)*	36° 45′·71N., 137° 11′·56E.
	breakwater, single firm line, joining:		*(a)* above 36° 45′·68N., 137° 11′·50E.
Delete	☆ Fl.G.3s7m5M, close SE of:		*(a)* above

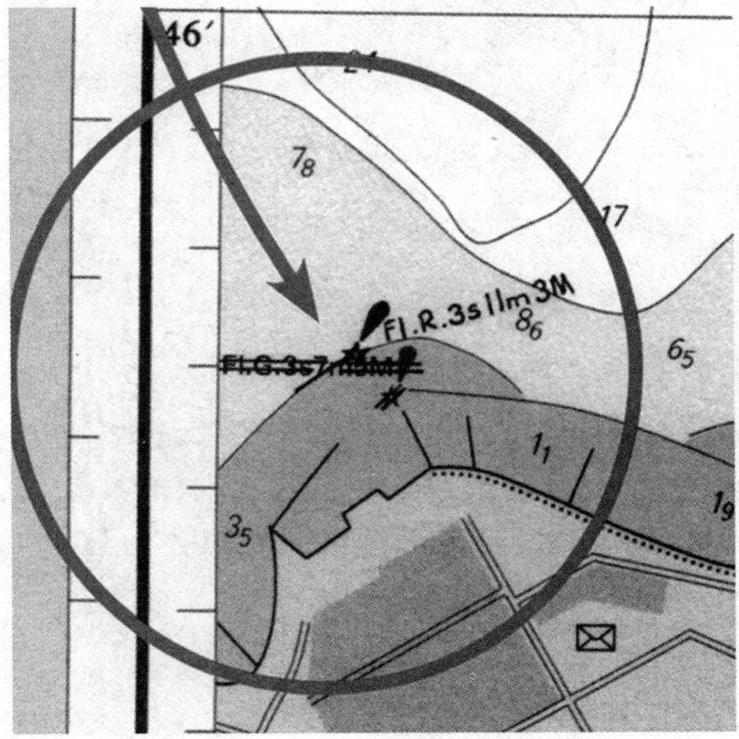

例 4:Move a light

2653 **NEW ZEALAND - North Island - East Coast - Hauraki Gulf - Motuihe Island Northwards - North Reef Point - Light.**

Light List Vol. K, 2006/07, 3845.1
Source: New Zealand Notice 10/96/06

Chart NZ 532 [*previous update 307/06*] WGS84 DATUM

Move ☆ Fl.R from: 36° 47′·80S., 174° 56′·20E.
to: 36° 47′·74S., 174° 56′·25E.

Chart NZ 5324 [*previous update 307/06*] WGS84 DATUM

Move ☆ Fl.R.3s3m1M from: 36° 47′·80S., 174° 56′·20E.
to: 36° 47′·74S., 174° 56′·25E.

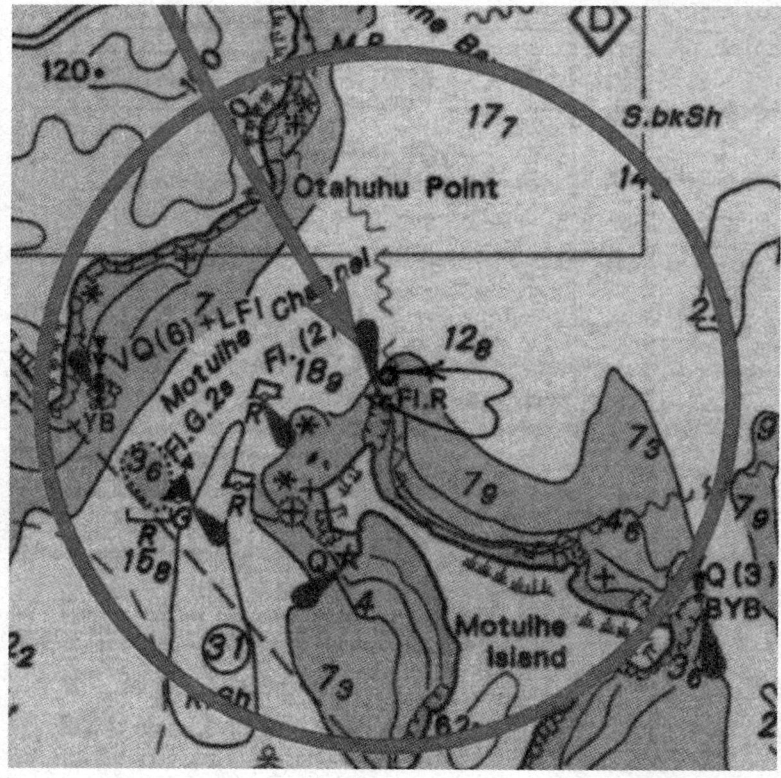

例 5:Substitute a light for a beacon

2931 NORWAY - West Coast - Sognefjorden - Ortnevik Northwards - Light. Beacon.
Light List Vol. L, 2006/07, 0093
Source: Norwegian Notice 10/579/06

Chart 2291 [*previous update 1137/06*] WGS84 DATUM

Substitute ☆ Q for ▮ 61° 06′·9N., 6° 08′·3E.

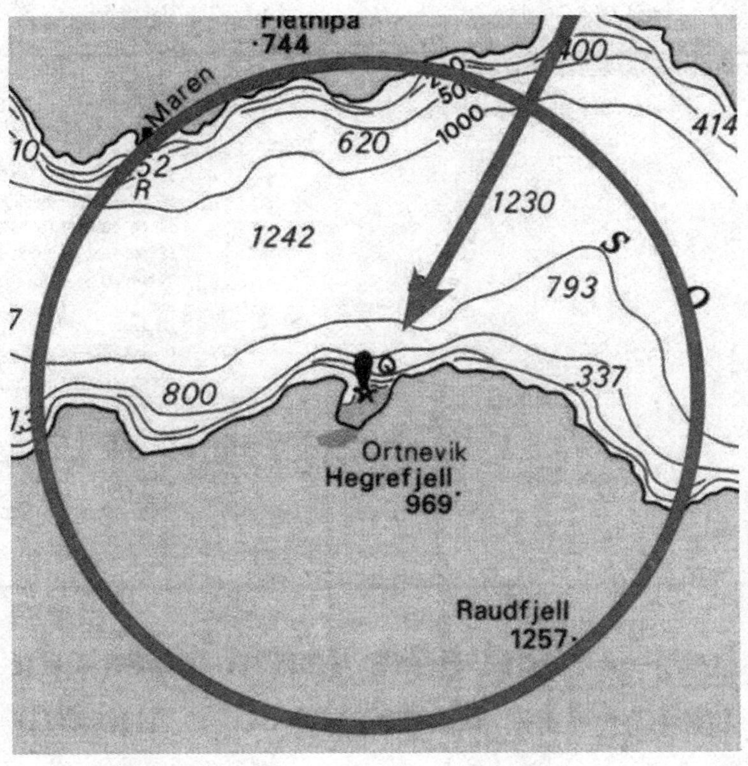

例 6:Insert a pipeline and legend

5492* **NORTH SEA - United Kingdom Sector - Buchan Oil Field North-north-eastwards - Submarine pipelines. Legend.**

Source: Talisman Energy (UK) Limited

Note: Former Notice 3237(P)/05 is cancelled.

Chart 2 (INT 160) [*previous update 5491/05*] UNDETERMINED DATUM

Insert	submarine pipeline, ₋₋₋₋, joining:	*(a)*	57° 57′·0N., 0° 11′·6E.
		(b)	58° 17′·3N., 0° 09′·3E.
			58° 27′·7N., 0° 15′·0E. (⊡)
	legend, *Oil & Gas*, along:		*(a)-(b)* above

Chart 278 [*previous update 5082/05*] ED50 DATUM

Insert	submarine pipeline, ₋₋₋₋, joining:	*(a)*	57° 59′·77N., 0° 11′·71E.
			(◯ *Wells*)
		(b)	58° 01′·20N., 0° 11′·95E.
		(c)	58° 05′·60N., 0° 09′·80E.
			58° 06′·50N., 0° 10′·05E.
			58° 09′·76N., 0° 09′·51E.
			(N border)
			and
			(a) above
			57° 58′·50N., 0° 11′·00E.
			57° 57′·68N., 0° 07′·70E.
			(◯ *Well*)
			and
			57° 57′·07N., 0° 11′·72E.
			(◯ *Well*)
			57° 57′·90N., 0° 11′·40E.
			(a) above
	legend, *Oil & Gas (see Note)*, along:		*(b)-(c)* above

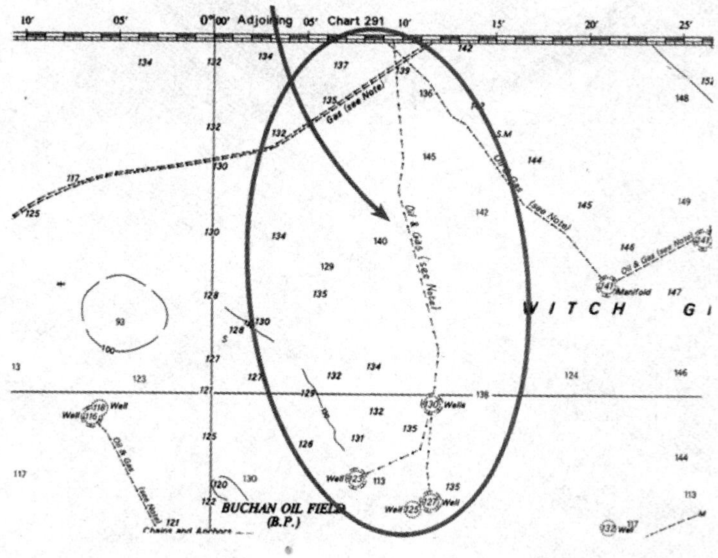

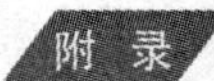

例 7:Insert a fish havens

2385 UNITED STATES OF AMERICA - Gulf of Mexico - Louisiana - Outer Approaches to Calcasieu Pass - Trinity Shoal Southwards and Ship Shoal South-westwards - Fish havens. Platform.

Source: US Chart 11340

Chart 3850 [*previous update 2261/06*] NAD83 DATUM

Insert (15) 28° 00′·0N., 92° 22′·5W.
28° 02′·9N., 91° 31′·5W.

Chart 3851 [*previous update 1856/06*] NAD83 DATUM

Insert (15) *(a)* 28° 02′·9N., 91° 31′·5W.

Delete ⊡, adjacent to: *(a)* above

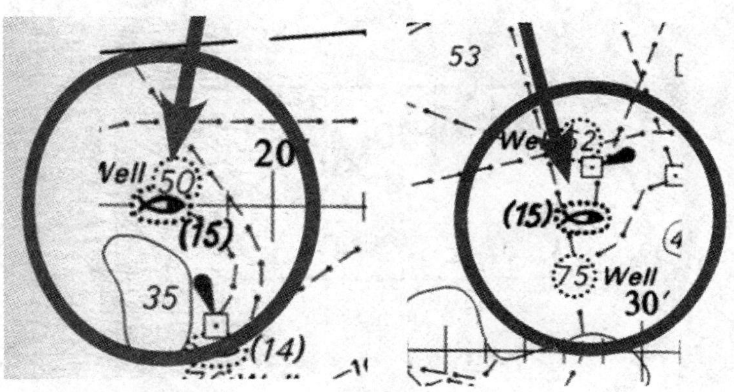

例 8:Move a buoy

2912 UNITED STATES OF AMERICA - East Coast - Connecticut - Long Island Sound - New Haven Southwards - Buoy.

Source: US Notice 20/12354/06

Chart 2754 [*previous update 5163/05*] NAD83 DATUM

Move	*Fl.Y.4s 'CDA'* from:	41° 09′·00N., 72° 52′·80W.
	to:	41° 08′·68N., 72° 53′·20W.

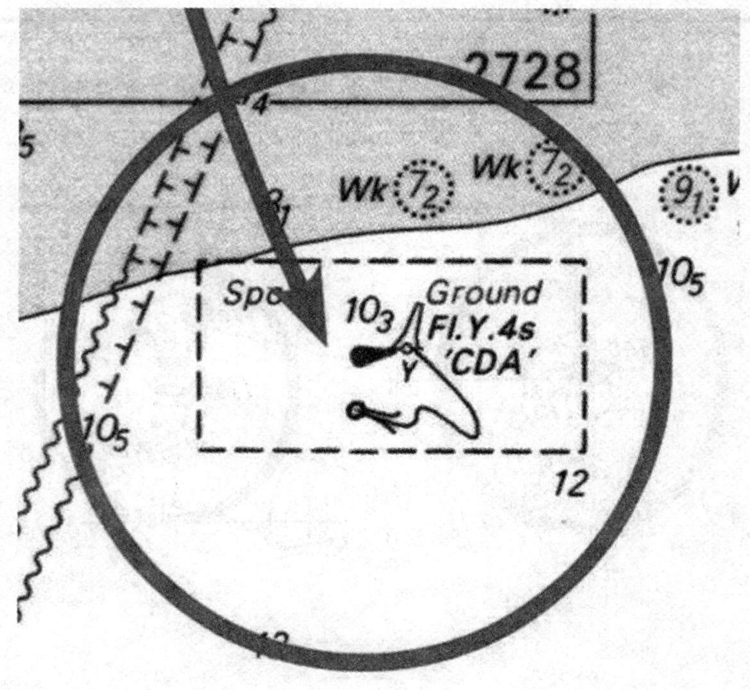

例 9:Amend a range of a light

2898 AUSTRALIA - South Australia - Approaches to Port Lincoln - Williams Island - Light.
Light List Vol. K, 2006/07, 1873
Source: Australian Notice 10/441/06

Chart Aus 134 [*previous update 1357/06*] WGS84 DATUM

Amend range of light to, 9M 35° 01′·81S., 135° 58′·21E.

Chart Aus 343 [*previous update 1124/06*] AUSTRALIAN GEODETIC DATUM

Amend range of light to, 9M 35° 01′·8S., 135° 58′·2E.

Chart Aus 345 [*previous update 1124/06*] UNDETERMINED DATUM

Amend light to, Fl.2·5s9M 35° 01′·7S., 135° 58′·1E.

Chart Aus 444 [*previous update 2131/06*] UNDETERMINED DATUM

Amend range of light to, 9M 35° 01′·8S., 135° 58′·2E.

Chart Aus 776 [*previous update 2139/06*] WGS84 DATUM

Amend range of light to, 9M 35° 01′·7S., 135° 58′·3E.

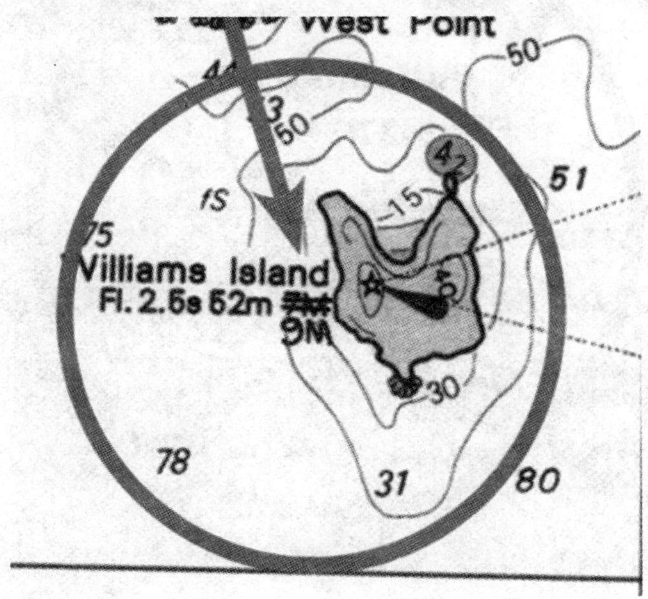

例 10:Amend a light description

5757 PHILIPPINE ISLANDS - Mindanao - North Coast - Iligan - Light.
Light List Vol. F, 2005/06, 2268
Source: Philippine Notice 10/210/05

Chart 3426 (plan, Iligan) [*previous update 4954/05*] UNDETERMINED DATUM

Amend light to, Fl.G.5s37ft7M 8° 13′·93N., 124° 13′·86E.

Chart 3810 [*previous update 5592/05*] UNDETERMINED DATUM

Amend light to, Fl.G.5s37ft7M 8° 13′·9N., 124° 13′·9E.

Chart 3811 [*previous update 4954/05*] UNDETERMINED DATUM

Amend light to, Fl.G.5s37ft7M 8° 13′·9N., 124° 13′·9E.

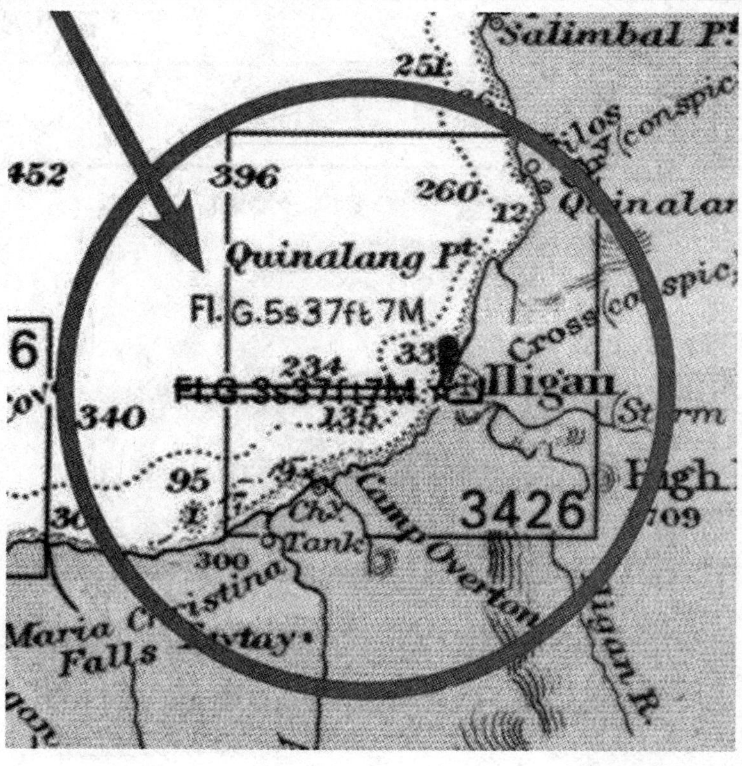

例 11:Insert a submarine cable

3273 ARABIAN SEA - Pakistan - Karāchi South-westwards - Submarine cable.
Source: Pakistani Notice 19/75/06

Chart 38 (INT 7019) [*previous update 1641/06*] WGS84 DATUM

Insert submarine cable, ~~~, joining:

24° 51′·45N., 66° 52′·31E. (shore)
24° 49′·48N., 66° 52′·50E.
24° 46′·37N., 66° 51′·41E.
24° 45′·22N., 66° 48′·38E.
24° 38′·95N., 66° 26′·00E.

Chart 39 [*previous update 1641/06*] WGS84 DATUM

Insert submarine cable, ~~~, joining:

24° 51′·45N., 66° 52′·31E. (shore)
24° 49′·48N., 66° 52′·50E.
24° 48′·52N., 66° 51′·98E.
24° 46′·37N., 66° 51′·41E.
24° 45′·22N., 66° 48′·38E.
24° 38′·95N., 66° 26′·00E.

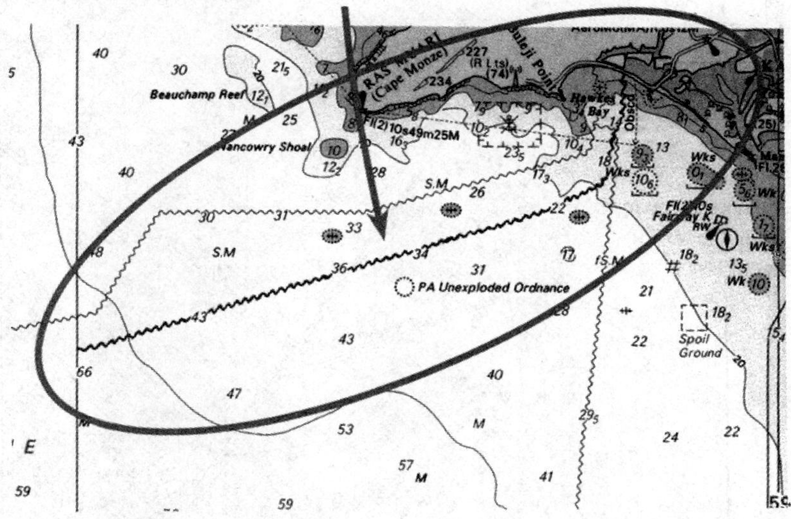

例 12:Insert the accompanying block

2825　LATVIA - Approaches to Ventspils - Depths. Wrecks. Obstruction.
Source: Latvian Chart 2100
Note: These amendments have been included in a New Edition of Chart 2277 published 1 June 2006.

Chart 2223 [*previous update 2598/06*] UNDETERMINED DATUM

Insert	12_2 *Wks*	*(a)*	57° 25′·58N., 21° 29′·30E.
Substitute	depth 7_9 for depth 8_7		57° 26′·80N., 21° 31′·92E.
	depth 12_1 for depth 10_4		57° 26′·90N., 21° 27′·72E.
Delete	8_3 *Wks*, adjacent to:		*(a)* above

Chart 2226 [*previous update 2315/06*] WGS84 DATUM

Insert	the accompanying block, showing amendments to depths, wrecks and obstruction, centred on:	57° 26′·6N., 21° 28′·0E.

To accompany Notice to Mariners 2825/06. Image Size (mm) 123 by 154.8

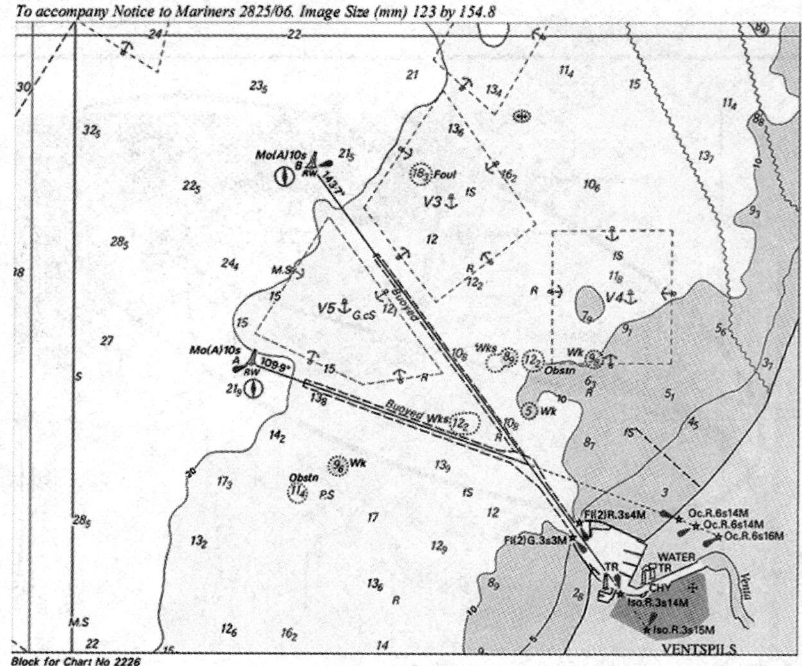

Block for Chart No 2226

例 13:Substitude a note

2871 CHINA - East Coast - East China Sea - Approaches to Zhoushan Qundao - Juishan Liedao North-westwards to South-eastwards - Offshore installations. Submarine pipeline.

Light List Vol. F, 20005/06, 9642.4

Source: Chinese Notices 13/230/06 & 14/255-258/06

Chart 1126 [*previous update 2625/06*] BEIJING 1954 DATUM

Insert	submarine pipeline, ----, joining:		29° 45′·13N., 121° 54′·29E.(shore)
			29° 43′·15N., 121° 55′·70E.
		(a)	29° 41′·68N., 122° 02′·48E.
		(b)	29° 33′·00N., 122° 10′·25E.
			(S border)
	legend, *Gas (see Note)*, along:		*(a)-(b)* above
Substitute	the accompanying note, SUBMARINE CABLES AND PIPELINES, for existing note, centred on:		29° 34′·30N., 122° 37′·04E.

Chart 1759 [*previous update 2623/06*] UNDETERMINED DATUM

Insert	submarine pipeline, ----, joining:		29° 43′·15N., 121° 55′·70E.
			29° 41′·73N., 122° 02′·52E.
		(a)	29° 31′·20N., 122° 11′·85E.
		(b)	29° 26′·68N., 122° 37′·33E.
			29° 12′·00N., 122° 56′·00E.
			(E border)
	legend, *Gas (see Note)*, along:		*(a)-(b)* above
	the accompanying note, SUBMARINE CABLES AND PIPELINES, centred on:		28° 39′·75N., 121° 07′·65E.

To accompany Notice to Mariners 2871/06

On Chart 1126

SUBMARINE CABLES AND PIPELINES

Mariners are advised not to anchor or trawl in the vicinity of submarine cables and pipelines. Gas from a damaged oil or gas pipeline could cause an explosion, loss of a vessel's buoyancy or other serious hazard.

附录五　航线设计常用英语词汇一览表

Admiralty List of Lights and Fog Signals	灯标雾号表
Admiralty List of Radio Signals	无线电信号表
Admiralty Sailing Directions	航路指南
Admiralty Tide Tables	潮汐表
Annual Summary of Admiralty Notices to Mariners	航海通告年度摘要
Area to be Avoided	避航区
Astronomical Charts	天文图表
Bathymetric Charts	深海测量图
Catalogue of Admiralty Charts and Publications	海图和出版物总目录
Composite Route	混合航线
Contents	目录
Cumulative List of Admiralty Notices to Mariners	航海通告累积表
Current Hydrographic Publications	季度版航海图书一览表
Deep Water Route	深水航路
Definitions and General Information	定义与总论
Dew Point Temperature and Mean Sea Temperature	露点温度和海水温度图
Electronic Position Fixing Systems	电子定位系统
Established Direction of Traffic Flow	确定的交通流方向
Explanatory Notes	注释
Fog and Low Visibility	雾与能见度图
Glossary	词汇表
Gnomonic Charts	心射投影海图(大圆海图)
Great Circle Route	大圆航线
Guide to Port Entry	进港指南
Hydrographic Practice and Symbols	水道测量工作和符号图表

Index of Geographical Sections for Radio Navigational Aids　无线电航标地理区域索引
Index of Routes　航线索引
Inshore Traffic Zone　沿岸通航带
Introduction Charts　教学用图
Legal Time　法定时
Limit of Load Line Zones　国际载重线区域界限
Magnetic Variation Charts　磁差曲线图
Mandatory Routeing System　强制定线制
Maximum Limit of Pack Ice　冰区界限
Mean Air Temperature and Air Pressure　气温气压图
Meteorological Charts　气象图表
Narrow Channel　狭水道
Natural Conditions　自然条件
Navigation and Regulations　航海知识和规则
No Anchoring Area　禁锚区
Ocean Currents　洋流
Ocean Passage for the World　世界大洋航路
Parallel Route　等纬圈航线
Plotting Diagram and Sheets　空白定位图
Precautionary Area　警戒区
Preface　前言
Radar Beacons　雷达航标
Radio Direction-Finding Stations　无线电测向台
Radio Time Signals　无线电时号
Recommended Direction of Traffic Flow　推荐的交通流方向
Recommended Route　推荐航线
Rhumb Line Route　恒向线航线
Rocky Water　岛礁区
Roundabout　环形道
Routeing Charts　航路设计图
Routeing Guides Charts　航路设计指南图
Routeing System　定线制
Satellite Navigation Systems　卫星导航系统
Separation Zone or Line　分隔带或分隔线
Service Details　服务资料细节
Standard Time　标准时
States and Ports　国家和港口

Territorial Sea Baseline Charts	领海基线图
The Mariner's Handbook	航海员手册
Traffic Lane	通航分道
Traffic Separation Scheme	分道通航制
Two Way Route	双向航路
UK Series-Thematic Charts	英国系列专用海图
Universal Time	世界时
Weekly Admiralty Notices to Mariners	周版《航海通告》
Wind Roses	风花
Winds of Beaufort and Higher and Some Selected Tracks of Tropical Storms	大风和热带气旋路径图
World Series-Thematic Charts	世界系列专用海图

参考文献

[1]赵仁余.航海学[M].北京:人民交通出版社,2006.

[2]郭禹.航海学[M].大连:大连海事大学出版社,2005.

[3]赵仁余,孔凡村.航海学[M].北京:人民交通出版社,2001.

[4]中华人民共和国海事局.中华人民共和国海船船员适任评估大纲和规范[S].大连:大连海事大学出版社,2009.

[5]海军航保部.中国海图符号识别指南[M].2006.

[6]United Kingdom Hydrographic Office. Symbols and Abbreviations used on Admiralty Charts(Chart 5011).3th ed.,2005.